有料老人ホーム サ高住のための

入居者募集ハンドブック

辻山 敏

同文舘出版

営に長けている、もしくは必死に経営を学んだ方でしょう。私は、介護の現場をよく知っていて、介護に対して熱い想いのある経営者や介護スタッフに、日本の介護業界を担っていいただくことを切に望んでいます。

この本には、そんな介護の現場で汗を流しているみなさんの力になりたいという思い、そして営業が苦手でも、広報のことを知らなくても、施設の入居率を安定させるための販促ノウハウが詰まっています。

最先端テクノロジーやウェブ技術を駆使した販促ではなく、普遍的な販促手法を用いることで、心のこもった販促の必要性をお伝えしたいのです。

- 他施設との違い、自施設のコンセプトは何なのか?
- どうやって、自施設の魅力を引き出して伝えるのか?
- 他業種に学ぶ販促スキームとは?
- 営業が苦手な介護スタッフを助ける営業ツールとは?

私がこれまで関わらせていただいた施設での実体験、実際に見てきた事例をもとに、施設の誰もが理解できるように、わかりやすくまとめました。

この1冊を、これまで気づかなかった自施設の魅力に気づくきっかけにしていただき、誰もが楽に販促に取り組み、もっと介護が好きになっていただけることを願っています。

1章 施設類型や施設設置基準にとらわれない販促が成功への近道 ……… 9

2章

知っておきたい「有料老人ホームの販促の基本ポイント」

お客様は「施設類型」で選ばない？……31

3章 まずは現状把握―セルフマーケティング―……57

4章 「販促活動」の流れと方法……79

9章 最後に心がけてほしいこと

装丁／春日井恵実
本文DTP／マーリンクレイン

1章

施設類型や施設設置基準にとらわれない販促が成功への近道

1 超高齢社会と「高齢者施設」というビジネスチャンス

昔は、一般的に介護施設は「養老院」と呼ばれていました。介護が必要になった方が、人里離れた場所に建てられた施設で1日中生活を管理をされて介護を受ける、俗に言う〝姥捨て山〟のようなイメージを思い浮かべる方も多いのではないでしょうか。実際に昔は、自身の親を預けるとなると、とても後ろめたい気持ちになっていた家族も多くいたのではないでしょうか。

しかし、現在の介護施設の種類は多岐にわたっていて、入居時の費用が数千万円から数億円もかかる、まるでホテルのような超高級な老人ホームや、カラオケルーム、麻雀室、映画館のような大スクリーン、フィットネスジムなどの趣向を凝らした娯楽設備がある有料老人ホームやシニア向けの賃貸マンションなども増えました。もちろん、安価に入居できる老人ホームもあります。今では、介護施設を生活スタイルに合わせて選ぶ時代になり、入居する方や家族が自分たちの理想を叶えることができるようになりました。これは、2000年に介護保険がはじまり、よりよい介護、よりよいシニアライフを求めるように時代が変わったからです。

図1　高齢化の推移と将来推計

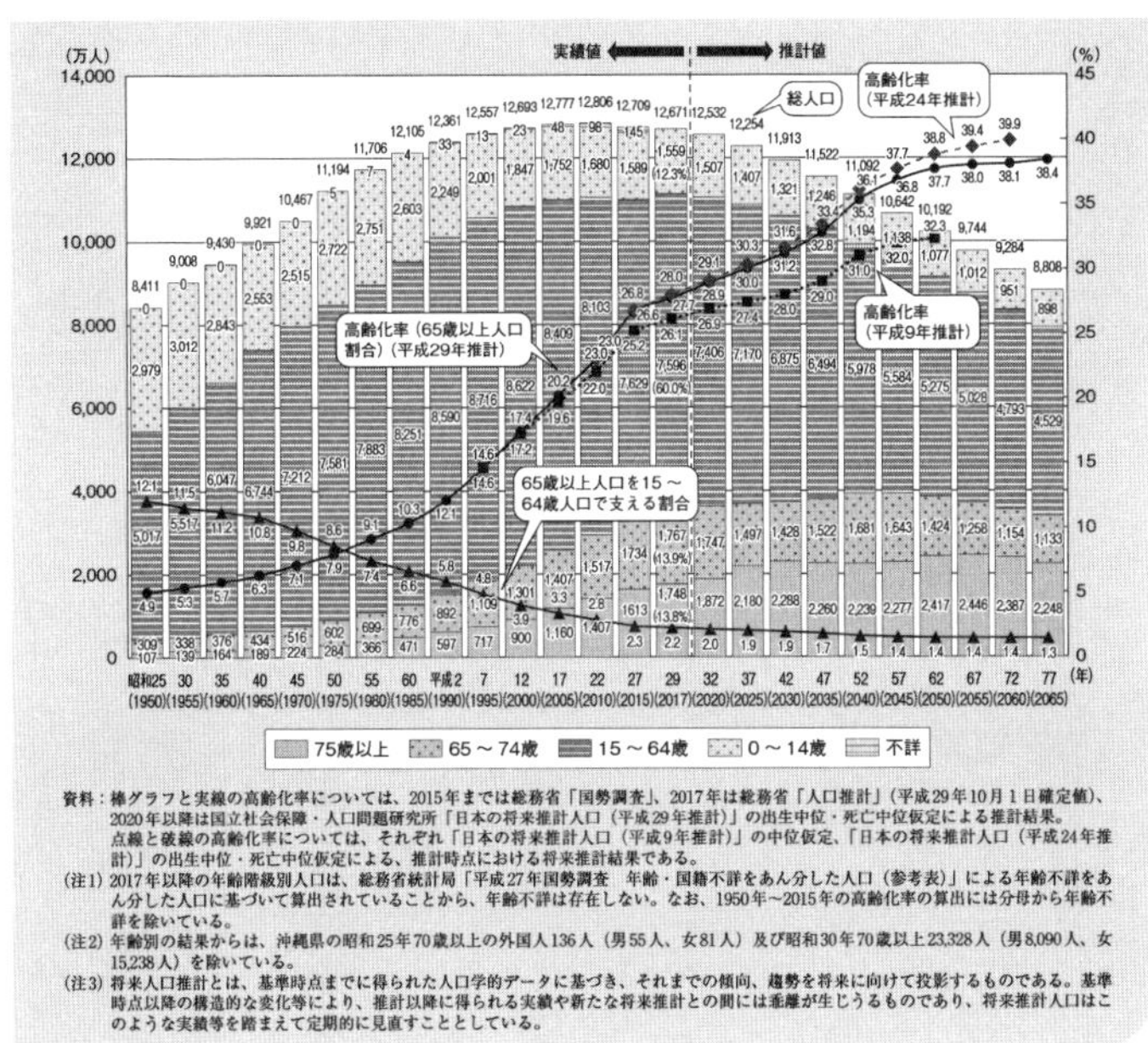

出所：内閣府　平成30年版高齢社会白書（全体版）より
https://www8.cao.go.jp/kourei/whitepaper/w-2018/html/zenbun/s1_1_1.html

しかし、日本の超高齢社会はとても深刻です。2015年に、65歳以上の高齢者人口が日本の総人口の26・6%に当たる約3347万人になりました。さらに今後は、2025年には総人口の約30%の3677万人、2042年にはピークを迎え、3878万人にまで高齢者人口は増えるという予測が、厚生労働省より発表されています。日本の総人口が減少し、年少人口及び生産年齢人口が大きく減少していく一方で、平均寿命はどんどん延び、高齢者人口、特に75歳以上の後期高齢者人口は増加しているのです。2060年には、総人口の約4割が65歳以上の高齢者になるという予測になっています。（図1）

そして、注目していただきたいのは、要介護者の数と認知症患者の割合です。2000年に介護保険が施行された当初の要介護者の数は224万人で、2012年には倍以上の533万人となりました。2017年の要介護認定者数は630万人、2025年までに80万人が増える予測です。さらに高齢者人口に対する認知症患者の割合は、2000年に15％でしたが、2025年には、20・0％と5人に1人まで上がる可能性があり、2060年には33・3％と、3人に1人の割合となるという予測が発表されています。（図2、図3）

介護が必要な方が増えるに伴って、わが国の医療・福祉にかかる予算もどんどんと増えています。そのため、国の方針では、病院での入院に頼らない在宅介護を勧めるようになりました。しかし、核家族化も進み、自分の親の介護ができない家庭や老々介護をせざるを得ない家庭などが増えています。高齢者人口が増え続けることを考えると、在宅での介護は限界があるでしょう。

図2　要介護度別認定者推計

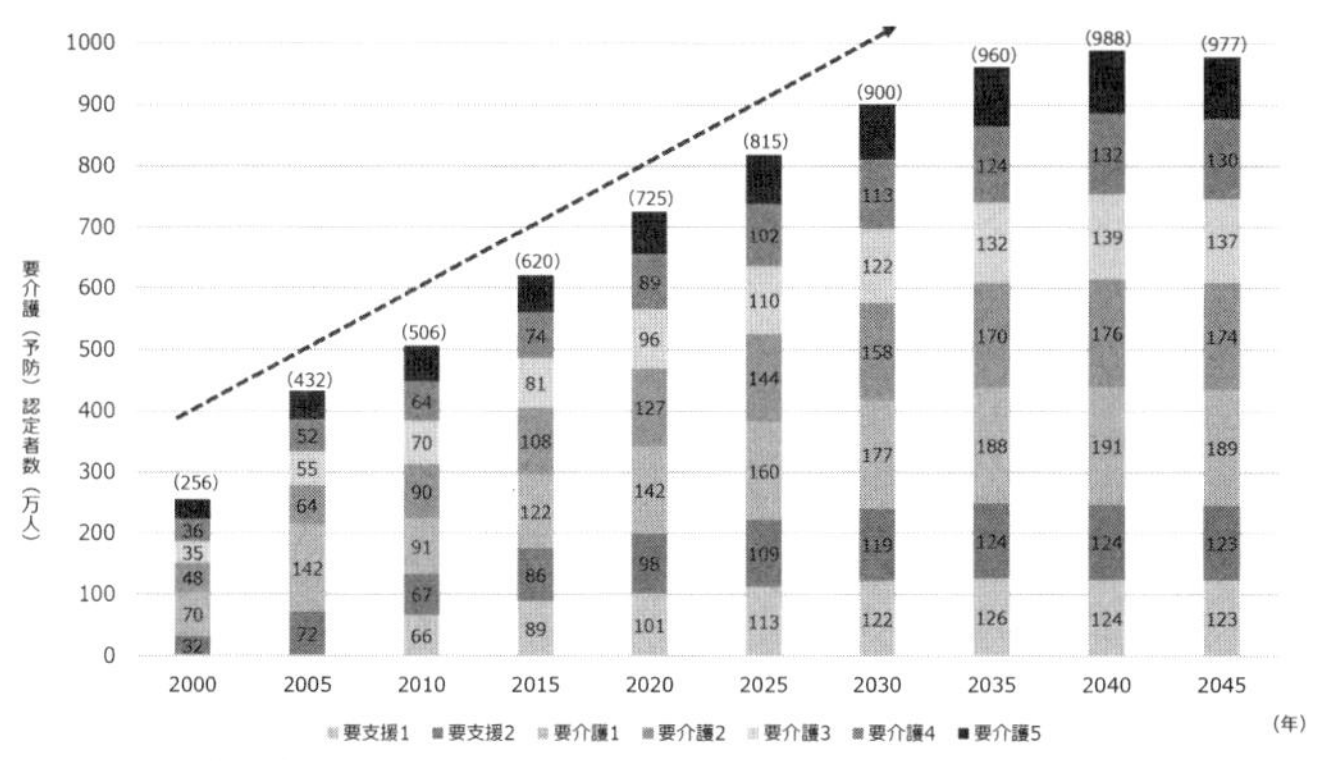

出所：経済産業省　将来の介護需給に対する 高齢者ケアシステムに関する研究会報告書　20190409　より
https://www.meti.go.jp/press/2018/04/20180409004/20180409004-2.pdf

そのため、必要になるのは居住系の介護施設です。しかしながら、２０１６年に公的な居住施設の特別養護老人ホームの数は９６４５軒（約58万室）ありますが、２０２５年までに必要な公的な施設（特別養護老人ホームなど）の部屋数は１３１万人分足りない状況と言われています。介護保険の予算を考えると、この公的施設が、今の倍以上の数ができるとは考えづらいでしょう。そこで、これからもニーズが増えると考えられるのが、民間企業が経営

図3　65歳以上の認知症患者の推定者と推定有病率

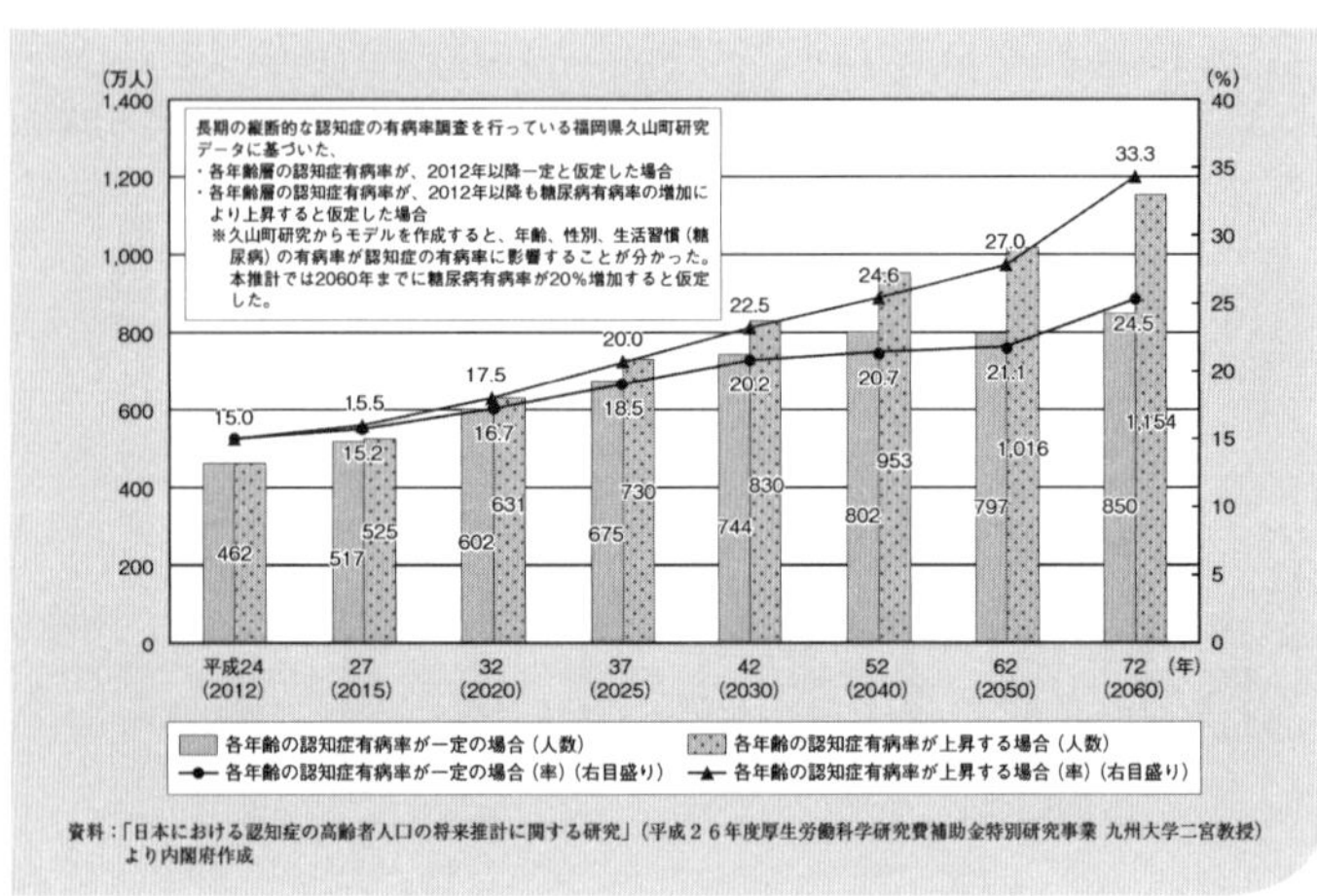

出所：内閣府　平成29 年版高齢社会白書（概要版）
https://www8.cao.go.jp/kourei/whitepaper/w-2017/html/gaiyou/s1_2_3.html

する、有料老人ホームやサービス付き高齢者向け住宅といった居住系施設です。

全国の有料老人ホーム数は、2000年に288軒（約3・1万室）でしたが、2016年には、1万1739軒（約45・7万室）、サービス付き高齢者向け住宅は、2001年に112軒（3・4千室）でしたが、2016年に6342軒（約20・6万室）と、いずれも急激に数を増やしています。しかし、2025年までに必要とされている部屋数を考えるとまだまだ数が足りません。

さらに、特別養護老人ホームの入

図4　介護施設などの定員数の推移

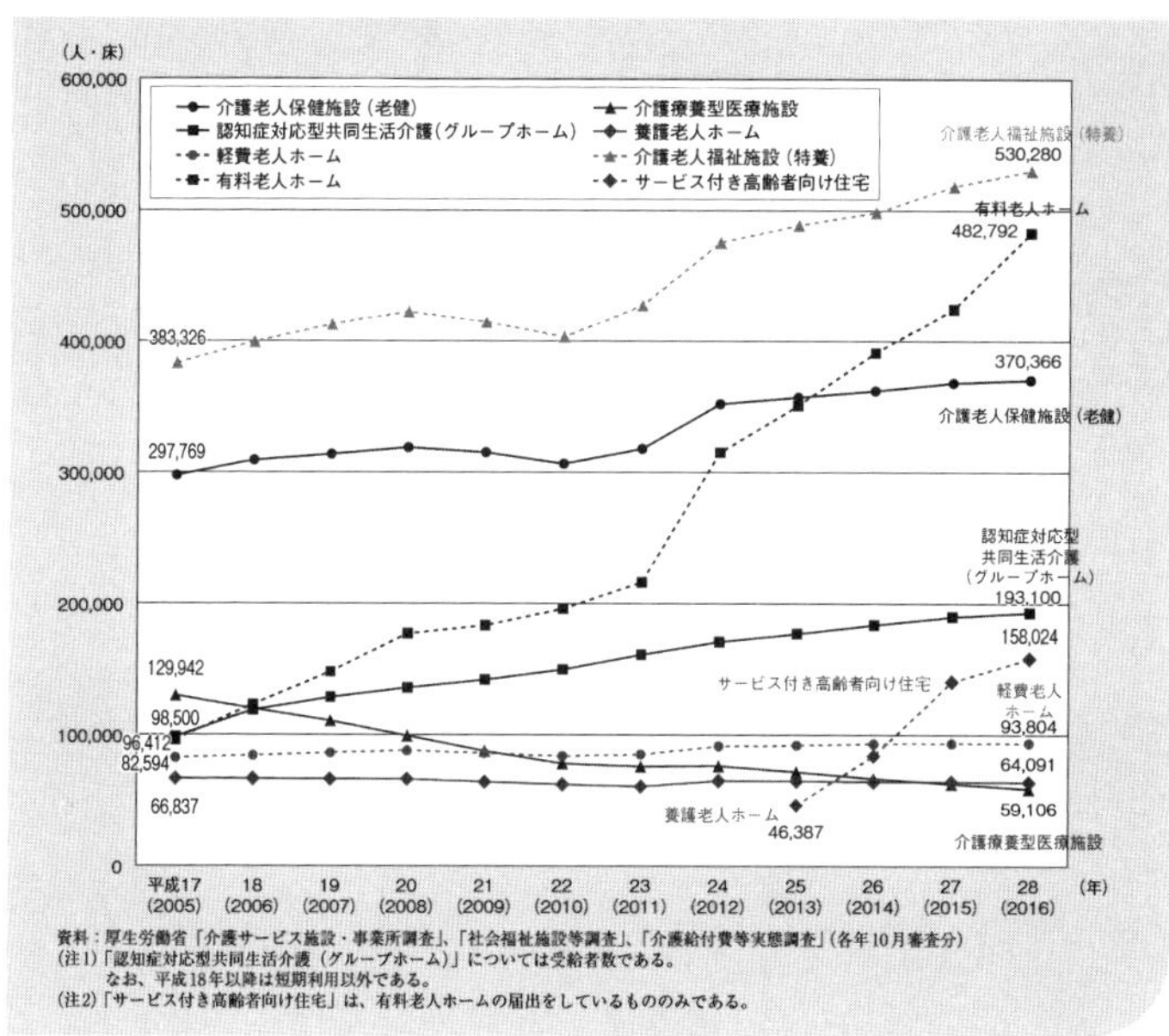

出所：内閣府　平成30年版高齢社会白書（概要版）
https://www8.cao.go.jp/kourei/whitepaper/w-2018/html/zenbun/s1_2_2.html

居条件が要介護3以上になるなど、軽度介護の方々の受け皿を、より民間施設に依存せざるを得なくなっています。そのため今後も、公的な施設の代わりに民間の介護施設の需要は高まると予測され、民間の介護事業者にはビジネスチャンスがあると期待できます。（図4）

しかし、数が増えていくことで、入居を検討する一般消費者は、より自身の理想、生活スタイルや趣味嗜好に合った施設を選ぼうとされます。そのため、そのニーズをうまく汲み取り、他施設との差別化のため、施設のウリをしっかりと伝えていく販促活動をすることが必要です。この本では、増え続ける介護施設の中で生き残っていくための販促についてわかりやすくお伝えします。

2 「高齢者施設」の種類の整理

驚いたことに、特別養護老人ホームに勤めているスタッフから、「有料老人ホームとサービス付き高齢者向け住宅ってどう違うのですか?」と質問を受けたことがあります。介護従事者でも、高齢者施設の違いはわかりにくいのです。介護付き有料老人ホームと住宅型有料老人ホームの違い、さらにはサービス付き高齢者向け住宅の違いになると、わからないという方も少なくないでしょう。介護従事者ですらわからないという方もいるのですから、一般消費者にとってもかなりわかりづらいですよね。

集客・販促の面から考えても、施設の違いを把握しておくことは重要だと考えています。なぜなら、施設を探している方のニーズをつかみ、自施設の特徴や強みをうまくターゲットとなる消費者へ伝えるための第一歩と考えるからです。ぜひ、施設長やリーダーだけでなく、そこに携わる介護スタッフのみなさんが、施設それぞれの違いを把握した上で販促活動をすることを目指してください。

高齢者施設といっても、訪問事業所、通所事業所、居住系施設などに分かれます。また、居住系施設に関しては、介護者向け、自立者向けと分けて考えることができ、たいへん複雑です。まず、訪問事業所には、訪問介護・訪問リハビリ・訪問看護などがあり、通所事業所は、デイサービス・デイケアがあります。訪問事業所も通所事業所も、在宅介護を支援するための施設です。ここまでは、介護スタッフもよく理解されていることでしょう。難しいと思われるのは、居住系の施設です。代表的なものとしてなじみがあるのは、介護保険3施設や公的3施設と呼ばれる「特別養護老人ホーム」「介護老人保健施設」「介護療養型医療施設」です。

「特別養護老人ホーム」は、介護保険法では「介護老人福祉施設」ですが、老人福祉法では「特別養護老人ホーム」と言います。一般的に「特養」と呼ばれています。施設の運営母体は、自治体や社会福祉法人です。施設規模は、100床の大型、50～60床の中型、29床以下の小型特養があります。また、それぞれ1つの居室を2～4人で使用する「多床室」、1人部屋の「従来型個室」、10人前後の個室を1単位とした「ユニット型個室」に分けられます。

利用できる対象者は、65歳以上で要介護3以上（一定の条件を満たせば要介護1・2の方も入居可能）の方が対象の、比較的介護度が高い方のための施設です。受けることができるサービスは介護サービス全般で、排泄や食事、入浴の介助など、入居者の体の状態によって対応されます。また、どんなに介護度が高くなったとしても、最期の時まで入居できることが特徴の施設です。最近では胃瘻の対応ができる介護スタッフを配置した特養もあり、「看取り」を積極的に行なう施設が増えています。

必要となる費用は所得や資産によっても異なりますが、入居にかかる初期費用は必要とせずに、月々の費用が必要です。月々の場合は、介護保険の自己負担額（実際にかかった費用の1～3割）と介護保険外の自己負担額として、多少室の場合は4万～8万円、個室の場合で6万～10万円程度が一般的でしょう。

「介護老人保健施設」は、一般的には「老健」と呼ばれることが多い施設です。急性期病院で治療を終えた方が、在宅復帰を目指すためにリハビリを行なう施設で、運営母体は医療法人が多く、ほとんどの場合が病院やクリニックに併設しています。入居の目的は、自宅へ在宅復帰するまでの一時的な利用なので、入居期間は、原則として3ヶ月です。よく聞く話としては、入院後に施設に入って3ヶ月で退去しなければいけないので、民間の老人ホームを探さないといけないという理由で、介護施設を探す方がいることです。老健から在宅への復帰はハードルが高いことが多いためでしょう。

利用者の多くは、一時的に老健に入居している間に、自宅をバリアフリーに改修したり、有料老人ホームを探したりします。施設規模としては、定員30～60人未満の中小規模がほとんどです。居室タイプは、特養と同じような多床室、従来型個室、ユニット型個室です。受けられるサービスは、日常生活の支援と身体介護サービスの他に理学療法士、作業療法士、言語聴覚士といったリハビリ専門のスタッフにより、1人ひとりに合ったリハビリ計画を立ててリハビリが行なわれます。さまざまな機器なども施設内にあり、リハビリに特化した支援を受けることができます。また、社会とのつながりや共同生活にも対応できるよう、グループでのレクリエーションや運動を行なう施設もあります。

また、医療法人が運営していることや、医師と看護師の配置基準の高さもあり、胃瘻や酸素吸入、たんの吸引などの医療ニーズにも対応しています。その費用は、食費や日常生活費、居住費は全額自己負担であるため、特養よりも少し割高です。月々6万～16万円と介護保険の自己負担額1～3割が必要です。

「介護療養型医療施設」とは、病院の療養型病床のことです。身近な高齢者が長期で入院していたなどの経験はありませんか？　そこが療養型病床です。急性期病床に入院をして治療を終えた後に、長期で医療行為が必要な方のための施設です。２０１６年の厚生労働省の統計では、入院患者の要介護度の平均が4・36なので、かなり重介護度の方が利用されていま

図5　公的3施設とその他の介護施設

す。重度の方が長期で入院し続けることが、国の社会保障を圧迫しているということで、数年前より療養病床の削減や廃止の法改正案が出ており、２０１８年４月の介護保険制度改定で廃止が決まり、新しい介護保険施設として「介護医療院」が新設されました。

これは、長期にわたって療養するための医療と、日常生活を送る上での介護を一体的に受けられる施設です。開設できる事業主体は医療法人の他、地方公共団体や社会福祉法人などの非営利法人などと決まっています。今現在ある「介護療養型医療施設」については、今後２０２４年までの間で廃止されていきます。

現在の「介護療養型医療施設」の費用は、介護保険の自己負担額1～3割に加え、食費、生活費、居住費が必要になるため、他の介護保険施設よりは高めになり、月に9万～17万円程度です。新設される「介護医療院」も同じような費用がかかるでしょう。

この公的3施設に加え、認知症の方のための「グループホーム」、自宅での生活が困難な方のための介護施設の「軽費老人ホーム」、「ケアハウス」などがあります。また、居住系ではありませんが、短期で宿泊できるショートステイと通所、訪問を兼ね備えた「小規模多機能型施設」などもあり、とても複雑なものになっています。さらに、今後の居住系でのニーズが高まる「有料老人ホーム」「サービス付き高齢者向け住宅」などを含めると、消費者だけでなく介護従事者にもわかりにくいものです。（図5）

3 「ニーズ」があるのに入居者募集で苦労する理由は？

「特別養護老人ホーム」が、全国に58万室もありますが、入居が困難な施設です。その理由は、重介護の方、所得の低い方を優先して入居させることが多く、順番待ちをしていても入れないからです。供給が間に合っていない地域の特養では、１００人や２００人もの入居待ちの方がいることも少なくはありません。また、「介護老人保健施設」に入居されていても、3ヶ月の入居を経て自宅で在宅生活に戻れる方は4分の1程度とも言われています。病院の「介護療養型医療施設」においても、すぐにベッドの空きは出ずに、待ちの状態になっているところもあります。そのため、世の中に「介護難民」と呼ばれる「自宅で生活ができないうえに介護施設にも入居できないという方」が増えています。その受け皿となっているのが、「有料老人ホーム」や「サービス付き高齢者向け住宅」といった民間の高齢者の住まいです。

「有料老人ホーム」と一言で言っても、「健康型」「介護付き」「住宅型」と3つの種類があります。いずれも、入居対象を60歳以上や65歳以上としていますが、介護が必要な状態かどうかの差と、介護保険を使ったサービスの提供方法が違います。

「健康型有料老人ホーム」は、その名の通り健康な方、いわゆる自立の方しか入居ができず、介護が必要になった場合は退去しなくてはなりません。ワンルームタイプの居室が多く、元気なシニアが集合住宅に住み、レストラン、リビングに当たるホールや多目的スペースなどの共有スペースを共同で利用できます。また、清掃や洗濯などの有料サービスや近隣の医療機関による定期的な検診などを受けることができます。しかし、この「健康型有料老人ホーム」の数は多くありません。全国的にレアな施設です。

「介護付き有料老人ホーム」は、「特定施設入居者生活介護」にあたり、各都道府県から介護保険を使ったサービスを提供できるという指定を受けている施設です。人員の設置基準や、居室の広さの制限などが特養とほぼ同等です。さらにわかりにくくさせているのが、「介護付き有料老人ホーム」が「介護専用の一般型」「介護専用の外部サービス利用型」「混合型」の3つに分かれていること。それによって、介護付きと呼ばれながらも、元気な自立の方でも入れたり、介護が必要な方だけしか入れない施設があります。緩和ケアや、看取りまで対応する施設や認知症の方も住まい続けることができる施設もあるなど多岐にわたります。

「住宅型有料老人ホーム」は、外部サービス利用型の施設で、施設が入居者に対して介護保険内でのサービス提供ができないという施設です。それがどういうことかというと、介護保険を使って介護サービスを受けるためには、居住する「住宅型有料老人ホーム」ではなく、外部の訪問介護事業所であったり、通所介護事業所と契約し、介護サービスを受けなければなりません。基本的に自立の方のための施設と紹介している書籍やサイトもありますが、私の知っている多くの施設では、デイサービスや訪問介護事業所を併設して、要支援や要介護の方々の生活援助を行なっています。

私が住んでいる福岡県では2008年頃を境に、地域密着型以外の介護付き有料老人ホームはほとんどできていません。これは全国的に見ても同じことが起きています。その理由は、介護保険を丸ごと利用する施設を減らすため、介護付き有料老人ホームに総量規制が入ったからです。現在も続いているため、新しくできる有料老人ホームのほとんどが「住宅型有料老人ホーム」です。

有料老人ホームの利用料金は、入居時に利用権の費用として0円～数千万円と幅があり、月々の費用が10万～30万円とこちらも幅があるため、消費者側は施設ごとの料金体系や入居要件をしっかりと把握する必要があります。

これから増えていく高齢者の住まいとして、「住宅型有料老人ホーム」と一緒にあげられるものが「サービス付き高齢者向け住宅」です。前段で紹介した施設や高齢者の住まいは厚生労働省の管轄ですが、高齢者住まい法が改定されて、厚生労働省と国土交通省の管轄した「サービス付き高齢者向け住宅」が2011年に創設されました。

以前、高齢者専用賃貸住宅や高齢者向け優良賃貸住宅と呼ばれていた高齢者の住まいが、「サービス付き高齢者向け住宅」に一本化されています。無届けの高齢者施設で火災などの事故が多発していたため、サービス付き高齢者向け住宅に一括して管理する狙いや、より介護が必要な方も住める施設をつくるという狙いもあります。そのため、ある一定の基準を満たした賃貸住宅です。しかし、人員配置には、管理人を1人置くという基準しかなく、生活サポートや介護サポートは住宅型有料老人ホームと同じく、外部サービスを利用することになります。施設によってはサービスの違いが激しく、施設を選ぶ消費者は実際に見学をしなければ、わからないことが多いかもしれません。費用は、入居時に敷金として、家賃の3ヶ月分を求められることが多く、月々の費用は家賃や食費で月々の費用が10万～30万円程度で

図6　主な介護施設の種類

種類		月額費用の目安	受入対象			看取り
			自立	要支援	要介護	
公的施設	特別養護老人ホーム（特養）	約5～15万円	×	×	○	○
	介護老人保健施設（老健）	約8～15万円	×	×	○	×
	介護医療院（旧介護療養型医療施設）	約8～15万円	×	×	○	×
	ケアハウス	約3～10万円	○	○	○	△
民間施設	介護付有料老人ホーム	約10～30万円	△	△	○	○
	住宅型有料老人ホーム	約10～30万円	○	○	○	○
	健康型有料老人ホーム	約8～30万円	○	×	×	×
	サービス付き高齢者向け住宅	約10～30万円	○	○	○	○
	グループホーム	約8～30万円	△	△	○	△

しょう。（図6）

介護保険3施設が入居待ちや3ヶ月で退去をしないといけないなどの制約が多くて入居が困難なため、民間の「有料老人ホーム」「サービス付き高齢者向け住宅」が受け皿となっています。そのニーズは、高齢者人口の増加とともに増えることは間違いありません。しかしながら、受け皿となる施設の入居要件やサービス内容の幅がありすぎて消費者にはとてもわかりづらいというのが現状です。

高齢者のための住まいや施設の入居者獲得における販促の歴史はまだまだ浅く、2000年の介護保険制度スタート時から民間企業の参入が始まり、その頃から数えても20年ほどの経験知しかありません。施設が増えれば増えるほど、入居者獲得の競争は激化していきます。これまでの介護業界なら、特定の病院さえ抑えておけば、患者を紹介してもらうことができ、入居者獲得に苦労することも少なかったのですが、施設数の増加とともに利用者のニーズも多岐にわたり、紹介していた側の病院ですら、地域の施設や高齢者の住まいの特徴を知らないため、どこに紹介するべきか迷ってしまうということも少なくありません。

これは、地域包括支援センターや居宅介護支援事業所のケアマネジャーたちも同じです。これまでの介護業界のように、何も情報を発信しなくても勝手に利用者が紹介されるということはありません。世の中にはニーズがあるのに、うまくいっていない施設の典型が、情報発信が未熟な施設か、うちは販促しなくても大丈夫と思っている施設です。また、施設類型にこだわりすぎるため、サービスやコンセプト作りにおいて柔軟性がなくなってしまうこともよくありません。施設運営をうまく行なうためには、どのような施設なのかをしっかりと情報発信していくことが必要です。

4 広報、販促が根付いていない業界の風習

介護保険法が施行される以前は、医療の延長線上に介護があって、医療機関のまわりに同

図7　さまざまな営業をうける病院

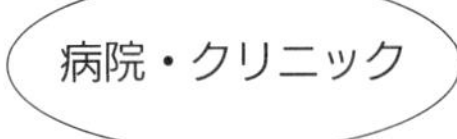

じ医療法人の介護施設があり、その中で患者が移動していることが多く見られました。そのため、介護保険法施行後に参入した民間企業は、医療機関へ営業し、患者を紹介してもらうという図式ができ上がりました。しかし、現在のように有料老人ホームやサービス付き高齢者向け住宅が増えると、供給の幅が広がるので医療機関からの入居者の供給も少なくなります。

　さらに、居住系の事業者だけでなく、通所系、訪問系の事業者も医療機関への営業をしています。これでは、医療機関も特定の施設だけとやり取りはできません。

　しかし、その特定の施設も、いつまで安定して紹介してもらえるのかはわかりません。それは、病院の担当者が変わるなどの要因が

考えられるからです。これは、居宅介護支援事業所も同じです。（図7）

「ケアマネジャーが紹介してくれるから大丈夫」「知っているソーシャルワーカーがいるから大丈夫だろう」は、今だけの安心にすぎず、この業界でのリスクの高い風習と言えるでしょう。さらに、高齢者の住まいや施設においては、介護リーダーや相談員の方、施設長など通常の介護業務を専門とされていた方に加えて、入居者募集の活動も任されてしまうケースが多いので、とても難しい局面が出てきます。これからの高齢者の住まいや施設で入居者を募集し続けるためには、営業や販促といった意識を持つことがカギになるでしょう。

これまでに、私が見てきた入居者募集でうまくいっていない高齢者の住まいや施設の共通点は、次の5つです。

①施設類型や施設設置基準にとらわれすぎる傾向がある
②独自の価値を創造・広報できていない
③ニーズに合った広報・販促の仕組みができていない
④スタッフの入居者募集営業に対する意識が低い
⑤満室時に満足してしまっている

1つ目の「施設類型や施設設置基準にとらわれすぎる傾向がある」は、住宅型有料老人ホームやサービス付き高齢者向け住宅などで多く見られる傾向です。入居者が介護保険を使ったサービスを利用する際に、介護付き有料老人ホームと比べて費用が高くなると言われることがありますが、必要なサービスだけを利用するため、必ずしも高くなるとは限りません、また自由度が高いため、趣味嗜好に合わせた暮らしができる利点もあります。そのような点が伝わっておらず、介護サービスにおける十分条件を優先され、介護付き有料老人ホームなどに入居を決められる方も少なくはありません。

2つ目の「独自の価値を創造・広報できていない」については、高齢者の住まいや施設は、ある一定の施設基準を満たすことが条件で建物が建てられています。そのため、よほど建築費用をかけていない限り、どの施設も同じようなつくりになります。その中でも、独自の価値を見出して設計・建築している施設は、他施設と比較された際に独自の特徴となって印象に残ります。また建物ができた後でも、装飾やサービス内容で他施設と違う点を作っても、しっかりとした広報ができていない施設もあります。広報ができていないということは、知られていないということです。販促の第一歩は知られることです。

3つ目の「ニーズに合った広報・販促の仕組みができていない」では、認知症対応ができないのに、精神科の医療機関を中心に営業をしてしまっているなど、ターゲットと矛盾してしまう施設もあります。また、入居者が集まらずに、むやみに広告掲載をしたり、ホームページを生かし切れていない、問い合わせのあった方をしっかりとフォローしていないなどがあげられます。

４つ目の「スタッフの入居者募集営業に対する意識が低い」では、電話の応対が悪かったり、挨拶がなかったり、プライベートで相談を受けても、勤めている施設を紹介しなかったりなどの意識の低さが見受けられます。さらには、スタッフの入れ替わりの激しい施設などもあります。

５つ目の「満室時に満足してしまっている」では、医療機関や居宅介護支援事業所からの紹介に頼りがちな施設に多いのですが、満室になると一切営業をせずに、空き室になったとたん、あせり出すといった施設です。気づいた時には大きな傷口になっていることも少なくありません。

2章

知っておきたい「有料老人ホームの販促の基本ポイント」お客様は「施設類型」で選ばない？

1 ターゲットとしての「入居決定権者」「営業先」の整理を

「いくらチラシをまいても効果がないんです！」

「パンフレットをいろいろなところに置かせてもらっているけれど、効果があるのかなぁ」

といった相談をよく受けます。いろいろな販促施策にチャレンジしたり、飛び込み営業をがんばってやっても効果が出ないと、とてつもない疲労感が残ります。この疲労感は、〝暖簾に腕押し〟の状態と言えるでしょう。しかし、そこにターゲットがいないから、反響がないのです。

確実に効果が出る入居促進を目指すためには、営業アプローチをかける対象者が誰なのかを見極めることが必要です。誰が入居の最終決定をするのか？　しかも、この決定者は入居対象者が自立なのか、要介護者なのかで変わるので、見極めが大切です。

では、入居対象者が自立の方の場合、最終的な入居決定者の上位にあたるのは誰でしょう。もちろん「入居者本人」です。入居者本人が「うん」とうなずかないと決まりません。しかも、その入居者本人が夫婦の場合もあるので要注意です。お2人とも納得していただかなくてはならないからです。次に位置するのが、「入居者の家族」です。家族が理解をしてくれなかったり、家族が多い方はたいへんなこともありますが、味方につけるととても力になってくれます。入居をなかなか決めてくれない入居者本人を説得するのは、その家族だからです。

3番目にあたるのが、「医療・介護の担当窓口」です。自立の方が入居を検討し始めるきっかけの1つに入退院があります。成人病疾患やがんなどの治療で入院し、いざ退院しても、自宅へ戻ることにハードルがある方は多くいらっしゃいます。そのような方と接触するためには、「医療・介護の担当窓口」をおさえる必要があります。具体的には、病院の地域連携室です。地域連携室は、病院によって呼び名や組織体制が異なりますが、病院によっては医師（院長の場合もあり）、看護師（師長が多い）、ソーシャルワーカー（社会福祉士）などの職種によって構成され、入退院の手続きをします。うまく在宅生活へ戻れない患者は、老健でリハビリなのか、有料老人ホームやサービス付き高齢者向け住宅などへ入居するのかの相談をはじめに受けることが多く、決定者との距離も近い存在です。そのため、家族の次に重要と位置付けられるでしょう。

また、各自治体に設置されている地域包括支援センターもおさえる必要があるでしょう。特に、低所得者の窓口となることも多いので、低料金設定の施設の場合は外せないアプローチ場所です。ここにはソーシャルワーカーが常駐しており、在宅での生活が困難になってい

図8　アプローチ先とヒエラルキー

自立系

①
入居者本人
アクティブ
シニア層

②
入居者の家族
間接的な
説得相手に

③

関連専門家
病院や弁護士・
税理士、各種団体など

介護系

①

入居者の家族
家族が直接の
折衝相手

②
関連専門家
ケアマネ（居宅）や
地域包括、病院など

③

入居者本人
要介護
認定者層

る方などの世話をしています。自立だけれど、独居での生活に不安を持たれている方の情報が民生委員より集まるので、入居候補者を探す場所としても適しています。

次は、「資産管理の担当窓口」が位置します。銀行などの金融系、税理士、司法書士、弁護士など、資産や遺言書の作成などで関わりのある専門家たちのアドバイスも、入居のきっかけの1つになります。家族が遠方にいる方などは、入居者の身近な存在として、よき相談者になっていることが多いものです。その場合には、専門家の一言が大きな後押しになることがあります。

入居者が要介護者の場合は、ご本人が決定できる力がないことが多いため、第1の決定者が「家族」に変わります。その次に、影響力が大きいのは「医療・介護の担当窓口」です。要介護者の場合、自立の場合と異なり、地域連携室、地域包括支援センターより優先したいのがケアプランセンター（居宅介護支援事業所）です。ケアプランセンターには、すでに要介護状態で在宅介護や施設での介護を受けている方の情報があります。どうしても自宅での介護が困難になったり、今利用中の施設での介護が困難になった場合などの受け皿を探しているため、数多くの施設との連携を必要としています。そのために、必須のアプローチ先です。次に、「資産管理の担当窓口」「入居者本人」と続きます。

「入居決定者」のヒエラルキーを整理して、そのターゲットといかに接点を増やしていくかを、入居促進の重要課題にします。（図8）

2 選ばれるための4大ファクター「価格」「立地」「サービス」「人」

入居者募集をすすめるうえで大切なことは、常に受け手発想で考え、入居検討者の目線に立つことです。

2000年の介護保険法改定以降、民間企業が次々と介護施設の運営に参入してきました。運営母体はさまざまで、日本を代表する大手企業、地元の大手企業、鉄道、バス、タクシーなどの交通インフラを持つ企業…。その中でも、参入してきた業種で多いのが、不動産業者です。今まで賃貸アパートや賃貸マンションとして運営していた建物をリフォームし、高齢者の住まいとして参入するケースや、新築で参入するケースです。不動産業者は、参入した時点で、かなりの顧客リストを持っているため、入居者募集で有利かと思われていましたが、ふたを開けてみると、うまくいっていない業者もいます。それはなぜでしょう。その理由は、顧客のニーズや悩みを考慮することができず、顧客の立場に立った伝え方ができていなかったからです。

高齢者住宅が選ばれるポイントと一般の賃貸アパートや賃貸マンションが選ばれるポイントは大きく違います。（図9）

通常の賃貸アパートや賃貸マンションなどの集合住宅が選ばれるポイントは、「価格」「立地」「間取り」の3つのファクターです。多くの方が、物件を探すときに、十分な生活費が確保できる家賃、すなわち相場を勘案した上で「価格」で絞り、駅からどの程度近いか、勤務先からどの程度近いかなどの「立地」や「アクセス」などの利便性を見ます。そして最後に、部屋数や広さ、収納スペースや快適な生活動線を確保できるかの「間取り」を見て決めていきます。

図9　選ばれる要因　4大ファクター

一般的な集合住宅

立地　価格　間取り

集合住宅の入居決定の3大ファクター

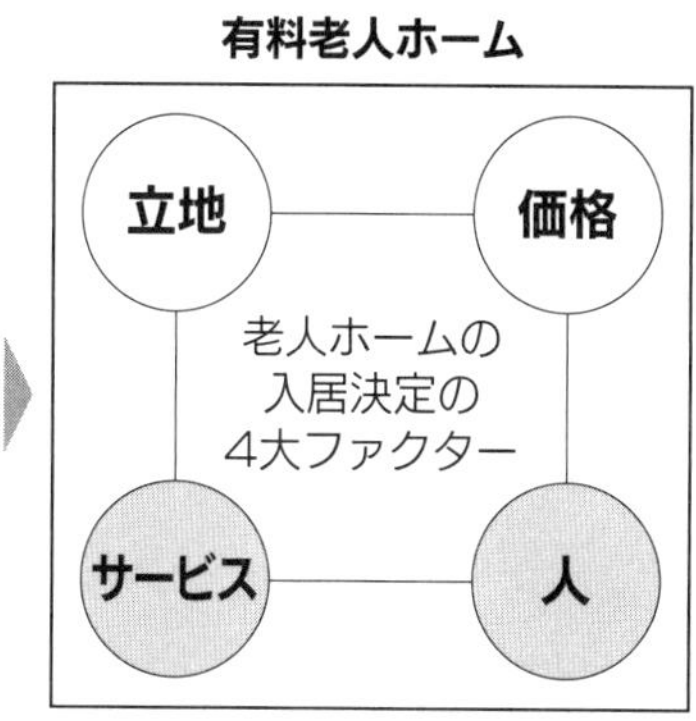

高齢者の住まいや施設を同じようなファクターで売ろうとすると、顧客ニーズから乖離してしまいます。ここが、不動産業から参入してこられた方々の多くがつまずいたところです。高齢者住宅の選ばれるファクターはそれとは違う、と認識してください。

高齢者の住まいや施設では、「価格」「立地」「サービス」そして、「人」の４つのファクターで選ばれます。

高齢者の施設のほとんどが、国に定められた施設設置基準に合わせていることやワンルームが多いため、「間取り」で選ばれることはほとんどありません。そのため、選ぶ側のファクターとしては「間取り」の優先順位は低くなります。また、「立地」もファクターのひとつですが、一般の賃貸アパートやマンションとは少し異なります。必ずしも、交通の便がよいところが人気というわけでもありません。静かな住宅地や山や公園など、自然が近い場所、家族に近い場所など、探している方によって捉え方が異なります。

そして、高齢者の住まいや施設として大切なのは「サービス」です。この「サービス」は、介護サービスや医療連携もありますが、食事などの生活サービスやレクリエーションなどの付加価値の部分も含まれます。

最後に「人」です。そこで働く「人」は、感じのよいスタッフなのか、介護に対して真摯に取り組んでくれているか、イキイキと楽しく働いているのか、辞めずに固定された方々が務めているのか、などといった「人」の部分が見られています。

3 選ばれる「理念」「ストーリー」「魅力」とは？

私がこれまで見てきた中で驚きのホームは、老人ホームの創設者自身が入居者と同じ間取りの居室で暮らし、同じ食堂で食事もされているという介護付き有料老人ホームでした。まだ介護保険法が始まる30年も前に、女性の創設者が、車椅子での生活介助が必要なご主人と2人で、最後まで安心して暮らせるホーム、入居者のプライバシーや尊厳を守った介護施設を作りたいとの思いで作られたホームです。入居者の尊厳を守るために、過度に手を差し伸べるのではなく、入居者とのほどよい距離を保ちながらサービスを提供するということをスタッフに徹底して伝えていたことが印象的でした。

地域密着で長年運営している整形外科医院の院長は、ある1人の患者が年とともに体力が落ち、クリニックにすら通えなくなったために往診を始めました。そのような患者が2人、3人と増えていき、訪問看護事業所、訪問介護事業所、グループホーム、デイサービス、介護付き有料老人ホームと、患者のニーズに応えていくうちに介護施設を作ることとなったというストーリーを持っている事業者もありました。

ヘルパーや相談員、副施設長まで勤め上げた介護士が、自身の思い描く介護の理想をかなえるために、住宅型有料老人ホームをつくりました。その施設は、お酒、タバコ、外出などにあまり規制がなく、入居後は自由に過ごすことができるという理想をかなえたホームでした。入居者は自身のペースで、ストレスをあまり感じることなく生活ができると評判のホームで、このように介護スタッフからの叩き上げの社長を目標にしている介護職員もいます。

このようなストーリーは、スタッフのモチベーションを高め、入居検討者の心にも響きます。選ばれる施設には、心に残るストーリーがあるのです。そして、そのストーリーが事業の「理念」となり、現場のスタッフへと受け継がれています。その理念のもとにでき上がったサービス、その理念の下で働くスタッフの振る舞いは、いつしか施設の「魅力」となるでしょう。

自分自身が親の介護経験をし、その経験をもとにした施設づくりをしているというストーリーはよく耳にします。このようなストーリーで入居検討者が納得し、共感してもらえることで人が集まり、人気の施設になるのです。

あなたは、なぜ介護の仕事をしているのか？　どうして介護施設を作ったのか？　ぜひ一度、「ストーリー」の見直しをしましょう。

次に、施設の独自性を整理し、「魅力」として世の中に知らしめることも大切です。「高い医療ニーズに応えることができる施設」「地域医療連携に力を入れている施設」「認知症ケアに特化した施設」「レクリエーションに力を入れている施設」などの独自の価値を創り、それを魅力として、入居検討者へわかりやすく伝える必要があります。

魅力を作り出すには、まずは入居対象者の整理と、そのニーズを把握することが必要でしょう。たとえば、元気なシニアを対象とした施設の場合、居室が少し広い場合、夫婦で入居できること、ペットも一緒に入居可能であることを魅力にするなどもよいでしょう。要介護者を対象にした場合は、胃瘻の方は入居できる、ストーマの方は入居できる、認知症の方は入居できる、などと細かく対応可能な受け入れ情報を整理し、魅力をつくれそうなところを見つけるなどするとよいでしょう。その他、夜間も看護師が勤務しているなど、人員配置で魅力をつくることもできます。

さらに、スタッフの経歴やプロフィールに焦点を当てて、魅力を作ることもできます。たとえば、元カフェ店員のヘルパーがおいしいコーヒーを淹(い)れてくれる日を設ける、もとエステティシャンのスタッフがメイクアップをしてくれる、なども魅力となるでしょう。

こういうスタッフがいると、ご家族にも評判になると思いませんか？

このように、しっかりとしたハード面での魅力だけでなくても、小さな特徴を見出すことができれば、魅力を作れます。それが、ターゲットのニーズにマッチすれば評価をいただくことができるでしょう。

あるサービス付き高齢者向け住宅の魅力づくりのために、スタッフ全員でブレーンストーミングをしました。その時に出てきたアイデアでは、「釣り好きな方のために、釣り堀を併設した施設にする」「絵画が好きな方のために、施設に有名絵画のレプリカをたくさん飾る」「プレスリーが好きな方のために、60年代アメリカの雰囲気にする」など、ターゲットの趣味に合わせた魅力づくりの案がたくさん出ました。何かひとつでも、他施設と違う魅力を作ろうとすれば、いくらでも案は出てくるでしょう。

4 無理のない販促エリアの設定 ―同心円ではなく生活圏―

ターゲットを設定して営業アプローチ先を決めていく際に、どこまでのエリアにするのかを決めていきましょう。

介護コンサルタントが提案した事業計画などを拝見すると、営業エリアの設定を同心円で1キロ圏内、5キロ圏内、10キロ圏内などと決めていることがありました。高齢者の住まいや介護施設の営業の場合、この決め方でよいのでしょうか?

施設が県境にある場合、隣の県に営業に行く前に、自身の県内での営業を優先させるはずです。北側は平地で南側が山地だったとしたら、山地には営業に行かないはずです。このことを考えると、同心円での設定は現実的ではないということがわかります。では、どのように考えるとよいのでしょうか。

人口の多いエリアの場合、小学校区ごとに地域包括支援センターが設置されています。この場合、地域住民の相談窓口は、小学校区ごとにエリアが分けられています。この小学校区の分け方は、地図上でよく見ると、住宅地のまとまりだけでなく、川や山などで仕切られているところもあります。実際に生活する際に、移動しやすいエリアになっているようです。

図10　同心円ではなく生活圏

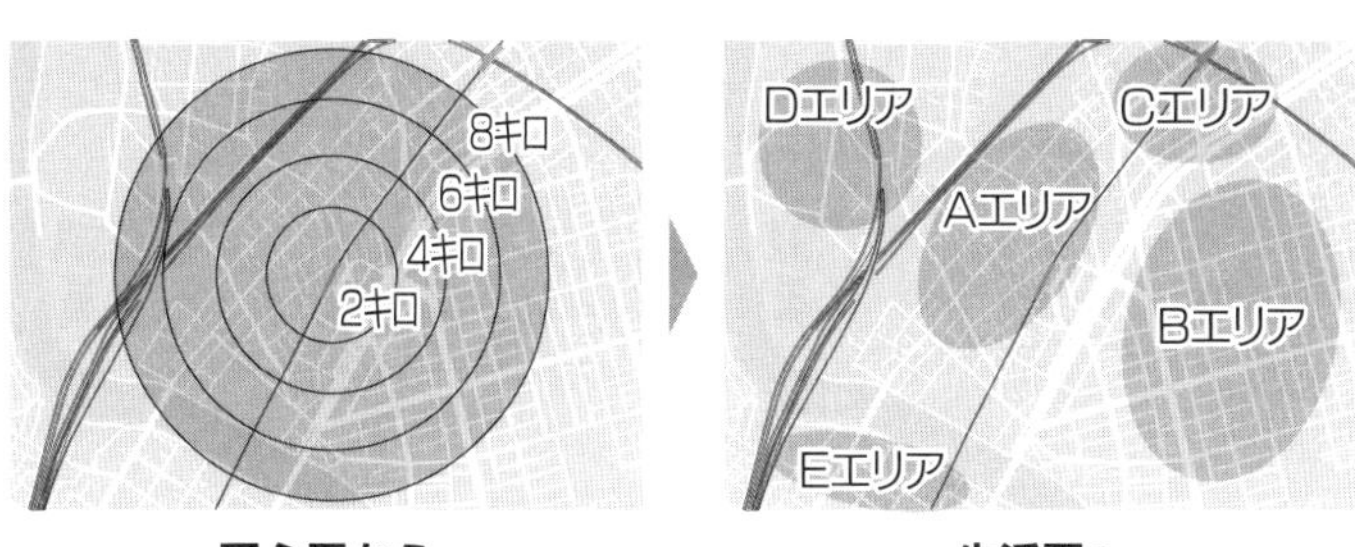

また、地域の中核病院を基準に生活エリアを見てみましょう。入居者が通える範囲の中核病院を地図上にマークし、地域包括支援センターの場所をマッピングしてエリアを決めていきます。世帯数や人口にもよりますが、中核病院を中心にして大きく3ブロックほどでエリアを設定していきましょう。

3ブロックに設定した理由は、どのエリアから入居者が多いのか、広告を掲載した場合の反響がいいエリアを測定するためです。それぞれのエリアの中に、病院、居宅介護支援事業所、地域包括支援センターをマークします。次に、競合となる高齢者の住まいや施設をマークしましょう。銀行や郵便局、税理士事務所、保険代理店などもマークします。その他、営業アプローチをかける予定の場所を探してマークしておきましょう。

このエリアの設定で大切なことは、無理のない範囲にすることです。あまりにも広くしすぎると、3ブロックともに中途半端な営業アプローチしかできなくなってしまいます。1度範囲を絞って設定し、営業アプローチをかけながらエリアの見直しを行ないます。

あるシニアマンションの営業部長が、販促エリアを50箇所ほど細かく設定し、手配りでポスティングをしていました。すべてのエリアにポスティングをするのに半年かかりましたが、1度では効果が現われなかったため、2度、3度と回数を重ねていく中で、住民と顔見知りになり、住民から声をかけられたり、野菜などの収穫物をいただくなど交流を深めていきました。すると、入居検討者を紹介してもらうまでになりました。よく、ポスティングや折込チラシを1度やって効果が出ないとあきらめてしまう方が多いのですが、複数回アプローチを重ねていく中で、刷り込み効果や偶然の出会いが生まれることもあります。あきらめずに、複数回のアプローチを心がけましょう。1つ成功体験が生まれると、継続するモチベーションも生まれるし、他のスタッフの協力も得やすくなります。

5 「接点づくり」からの「ファンづくり」

有料老人ホームやサービス付き高齢者向け住宅では、施設の現場で介護職や看護職といったポジションだった方が、施設長や主任・リーダークラスになって、施設の入居相談担当になるケースがほとんどです。営業職として入社し、営業だけに専念できる施設はほんの一握りです。このことが、施設の入居者募集にとって、とても高いハードルを作っていると言っても過言ではありません。介護職や看護職の方々は、本来その道のプロフェッショナルとして学んで資格を持っています。その中に、患者や施設利用者とのコミュニケーションについて学ぶ科目はありますが、営業や広告などについての知識や経験がありません。そのため、営業と言われると、とてもストレスを感じるはずです。世の中の営業を大きく3つに分けると、物販営業かサービス提供営業、問題解決型のソリューション営業です。有料老人ホームやサービス付き高齢者向け住宅の営業は、サービス提供営業のように感じますが、問題解決型のソリューション営業です。

入居検討者と接する際には、どんな悩みや問題があるのかを上手に引き出すことができるようにします。とは言っても、まずは接する機会を設けることが先です。

有料老人ホームやサービス付き高齢者向け住宅の営業が、他の営業と異なる点が2つあり、そのひとつは、ニーズ発生のタイミングが1人ひとり違うことです。夏だから売れる、冬だから売れるといった、季節で売れ行きが変わる商品ではないということです。そのため、必要となった時に思い出してもらえるような販促活動が求められます。

2つ目は、他の商材と異なる点として、すぐに必要ではないが、いつか必要になるという

図11　接点づくりからファンづくりへ

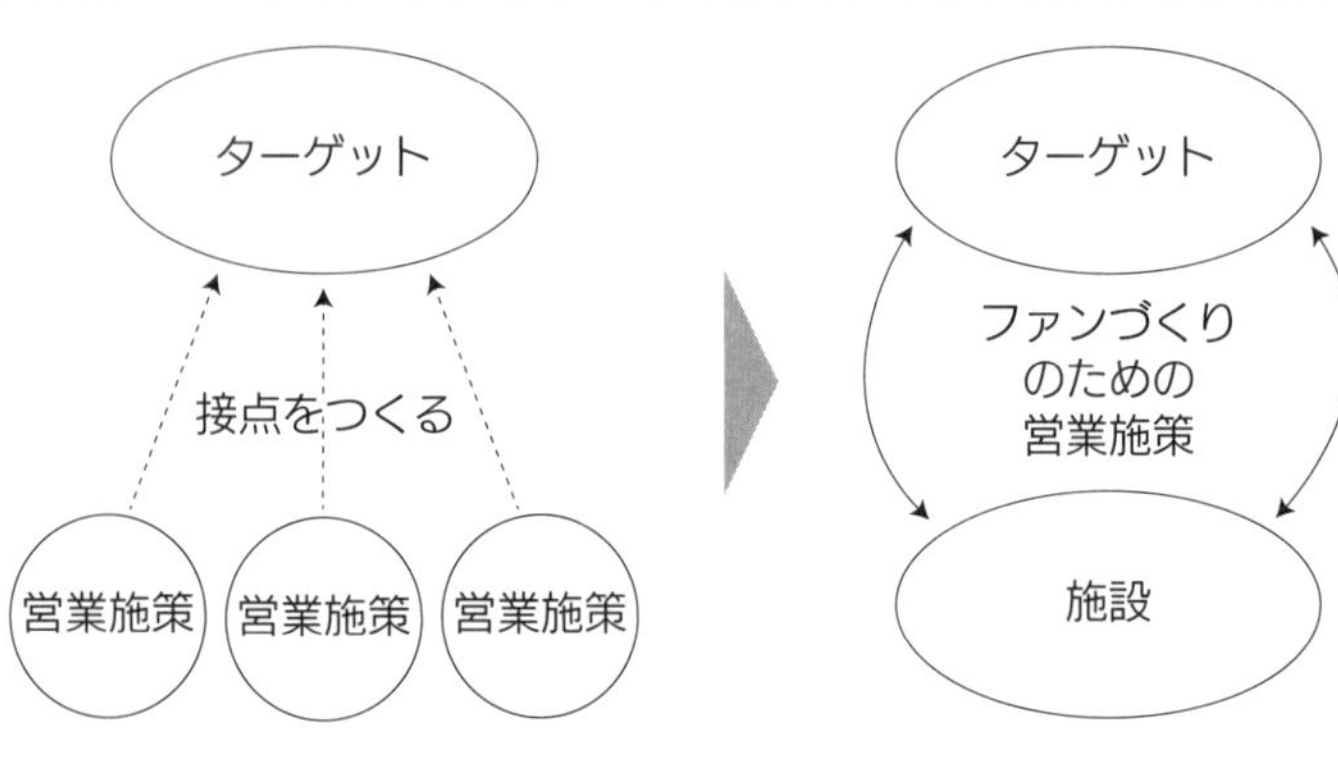

不安を抱えている入居者予備群が多くいることです。その層にしっかりと認知していただくことと、入居者予備群の方々が、いざ必要となった際に相談する「家族」や「医療・介護の担当窓口」といった入居検討者の周辺にも認知を広げていく営業をします。

ここで重要になるのが、「接点づくり」です。営業に不慣れな方は、一方的な営業になりがちです。そうならないように、いざという時に検討対象の施設になれるよう、入居検討者やその周辺の方々が必要になると思われる情報を持って接触していくことです。この接触は、1度や2度ではなく、接触し続けることが大事です。

「接点づくり」を続けた後には、「ファンづくり」を目指しましょう。

「何かあった時には、あなたの施設に相談するね」

「あなたの施設になら安心して患者をご紹介できま

図12　施設だよりイメージ

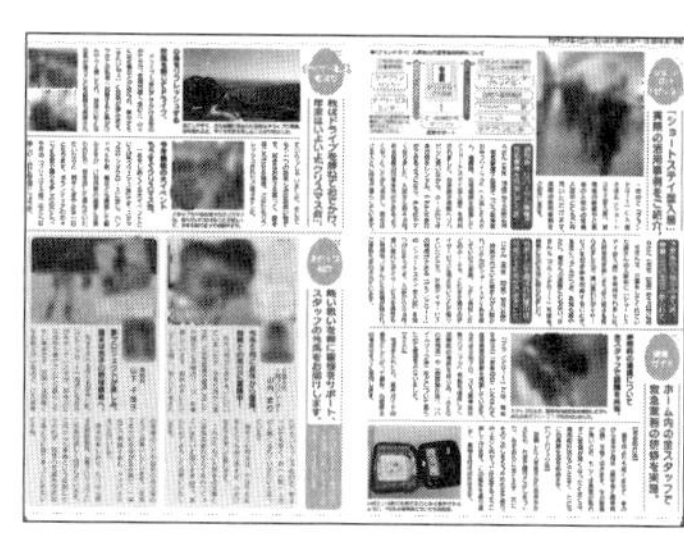

出所：住宅型有料老人ホームグランドG-1 施設だより

す」

といったような関係構築を目指します。すぐに物やサービスの提供をしない老人ホームだからこそ、信頼関係の構築が入居促進の近道なのです。（図11）

その「接点づくり」「ファンづくり」の仕組みづくりに役立つのが、有料老人ホームやサービス付き高齢者向け住宅が独自に作る広報誌「施設だより」です。施設の雰囲気はもちろん、サービス内容も伝わるような構成を盛り込めると、最強の営業ツールになるでしょう。施設だよりをお勧めしたい理由のひとつに、営業に慣れていないスタッフでも訪問時に話題に困らず話すことができるという利点です。チラシは、商品を売る目的やイベントなどへの参加を促す目的がありますが、施設だよりにはそのような目的はありません。目的は施設への理解を深めてもらうことです。自施設のことなので、営業が苦手であっても施設のことなら話せますよね。（図12）

また、施設だよりの発行タイミングに合わせて、営業対象となる方と接点を持つことができるので、いつ発生するのかわからないニーズのタイミングにあたる確率も上がります。

6 〝入居までの販促スキーム・仕組みづくり〟が大切

「接点づくり」と「ファンづくり」を意識した、販促からスムーズに入居まで導く経緯の複数パターンを頭に描いてみてください。

入居検討者は、あなたの施設のことをどのように知るのでしょう。新聞広告でしょうか。看板でしょうか。ホームページでしょうか。それとも紹介でしょうか。入居検討者があなたの施設のことを認知する経緯だけでも、相当な数が想定できるはずです。

次に、あなたの施設のことを知った入居検討者は、どのようなアクションを起こすでしょうか。電話での問い合わせでしょうか。ホームページからの問い合わせでしょうか。ファックスを流してくる方もいるでしょうか。そして、その問い合わせは、どのような内容でしょうか。資料請求でしょうか。見学をしたいという問い合わせでしょうか。取り急ぎ電話で相談をしたいという申し込みでしょうか。

資料請求の方だった場合、問い合わせがあった当日にすぐお送りできますか？　翌日になりますか？　その際にお送りする資料はどのような資料でしょうか？　資料をお送りした後に、いつフォローの連絡をしますか？　フォローの連絡は、電話でしますか？　それともまた郵送をしますか？　電話の場合は何時にしますか？　資料請求していただいた後に、どのような案内をしますか？　見学の案内ですか？　直接、入居検討者の自宅に訪問し、相談や面談を進めますか？

見学をしたいと言われた方の場合、どのように迎え入れますか？　スタッフが多い日にちに案内しますか？　イベントやレクリエーションに合わせて案内しますか？　見学の際の対応は決まっていますか？　見学に来ていただいた際に何を持ち帰ってもらいますか？　見学後のフォローはどのようにしますか？　同時にサンキューレターをお送りしますか？　数日後に電話でフォローを入れますか？

取り急ぎ電話で相談をしたいという方には、どのようなフォローをしますか？　しっかりと住所を聞いておかなければ郵送もできませんね？　電話の場合はいつだったらつながりやすいのかを確認しておいたほうがよいでしょう。

このように、ファーストアプローチの場面から、問い合わせの内容によって、どのようなフォローをしていくのかを想定していくだけでも、かなり多くのパターンが考えられます。

問い合わせから1ヶ月以内で入居する方もいらっしゃれば、1年後になる方もいらっしゃ

図13　フォロースキーム

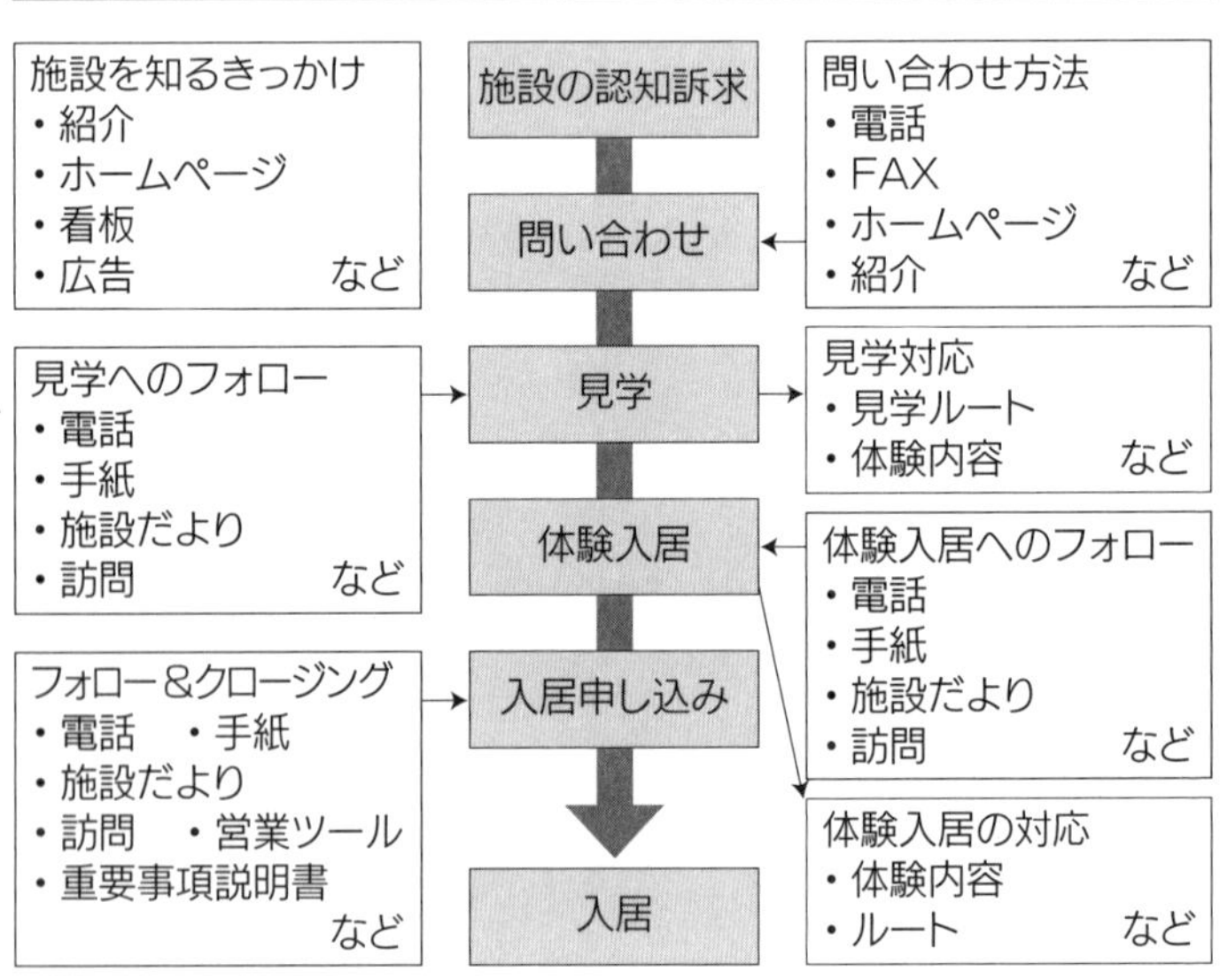

います。今では、終活という言葉もあるように、元気なうちから情報収集を始めるシニアも少なくはありません。そのため、自立の方を対象とした施設では、入居まで長期になることもあります。そのようなことまで考えて、入居の見込みが高そうな方、そうでもなさそうな方に合わせて、フォローのスキームを考えてみましょう。（図13）

わかりやすい販促方法としては、不動産業者、通販業者や歯科医院などを参考にしてみましょう。不動産業者の場合、問い合わせをすると、「取り急ぎ、資料だけでもお送りしますよ」と、ほとんどのパターンで住所を聞かれます。ここから、定期的な電話や郵送物でのフォローが始まります。通販業者の場合もそうです。お試しで頼んだつもりでも、しっかりとフォローされます。「その後、利用してみてどうでしたか？」などの電話フォローや、広報誌などの郵送でフォローすることが多いようです。歯科医院はどうでしょう。定期健診のお知らせや、季節のお手紙などもらったことはありませんか？　ご自身がこれまでに受けた気持ちのいいフォローを参考にするのもよいでしょう。

7 販促活動には終わりはない！　―満室広告という考え方―

有料老人ホームやサービス付き高齢者向け住宅の販促活動を見ていて言えることは、販促活動に終わりはないということです。

入居一時金をいただくような有料老人ホームでは、入居一時金の償却期間があります。長いところで15年～17年などもあります。自立向けの施設なのか、介護向けの施設なのかによって、償却期間が違います。この償却期間は、想定されている入居年齢と平均余命の差から導き出されています。償却期間内で入居者が入れ替わっていくことが多い傾向です。介護度の高い方々を入居対象としている施設の場合は、さらに入居者の入れ替わりが早くなるでしょう。

そのようなことから考えても、有料老人ホームやサービス付き高齢者向け住宅の販促活動に終わりはありません。

施設を開設した当初は、広告予算をしっかりと計画し、露出を強化していた施設が満室になったとたん、広告をすべてやめるというケースを見ました。理由は、「問い合わせが来ても入居できないと言って断らないといけないので、申し訳ないと思ったからやめています」でした。そのような理由で、広告をやめているとどうなるでしょう。「あの施設は、いつも満室だから入れないよ」「問い合わせしても無駄だよ」といったイメージを植え付けてしまいます。これでは、せっかく興味を持ってもらっている方も、他の施設へ入居を決めてしまいますね。これは、ものすごくもったいないことです。

たとえば、60室の有料老人ホームを開設し、販促活動を始めた際に広告や販促に力を入れて実施します。かなり順調で、1年あまりで満室にし、今まで実施していた広告や販促活動をやめたとします。その後1年ほどで3室の空きが出たので、再度販促を実施しようとする時の労力は、開設当時と変わらないくらいだと思います。それは、この1年間で、他に新規の施設が開設されるなど、市場が変わっている恐れがあるからです。

さらに、1年前の広告を覚えていてくれる方が少なくなっている可能性もあり、ゼロに近い認知度からのスタートとなってしまいます。60室を埋めるのと満室後に3室の空きを埋め

図14　満室広告

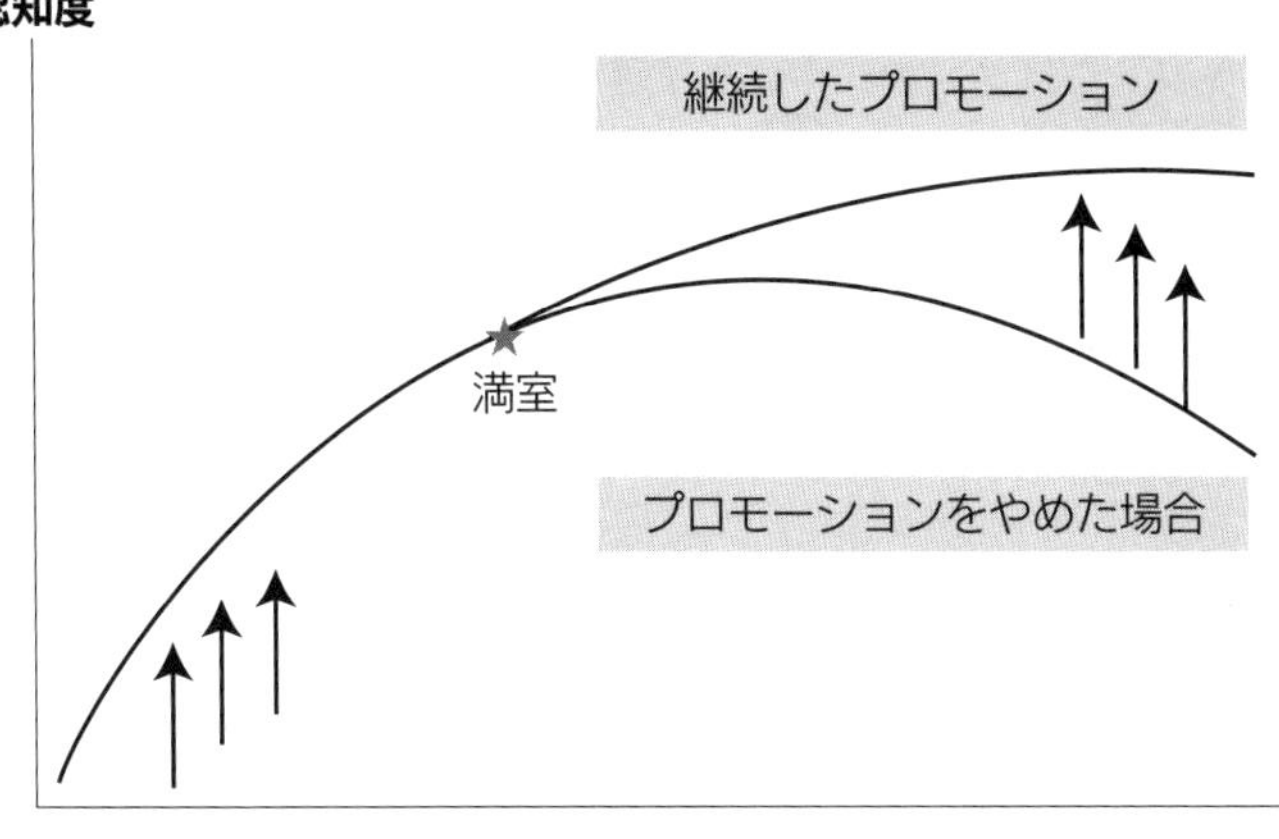

ることの労力とコストを比較すると、こんなに効率の悪いことはないでしょう。（図14）

そのため、満室広告という考え方を推奨します。これは、満室時にこそ広告を活用するということです。満室になると、施設運営のほうに労力を割かれ、販促活動に人員を充当することができにくくなります。そこで活躍するのが広告です。おすすめは、新聞広告と看板です。

新聞広告の場合は、モノクロの半2段の半分という小さな新聞枠をお勧めします。ほとんど情報は載せることはできませんが、名前と電話番号を中心に掲載します。掲載ペースは、月に1度か2度程度で、1年間の契約を広告代理店と結びましょう。満室なので、この費用はそんなに痛手にはならないし、1年間の契約をしておくことで、広告代理店からお得なサービス枠

図15　新聞広告イメージ　半2段

出所：（上）住宅型有料老人ホームグランドG-1　新聞広告より
　　　（下）住宅型有料老人みんとく　新聞広告より

やおまけなどのプラスが期待できます。デザインも変えずに掲載するので、デザイン費用も初回のみですみます。（図15）

看板の場合は、誘導看板を検討しましょう。ロードサイドがおすすめです。自施設への道のりを示す看板で、交通量の多い場所や人通りのある場所を狙って設置します。看板枠が高すぎたり、枠がなかった場合は、電柱看板を検討しましょう。ＮＴＴのグループ会社が管理している電柱看板は誘導に適しています。近隣の方々なら必ず見ることでしょう。価格から考えても費用対効果はあります。

図16　電柱広告イメージ

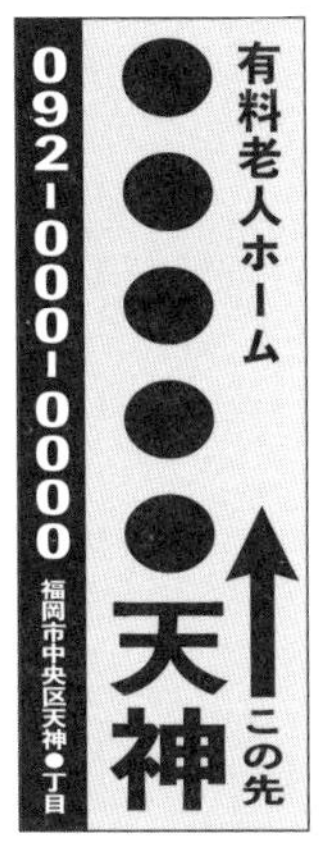

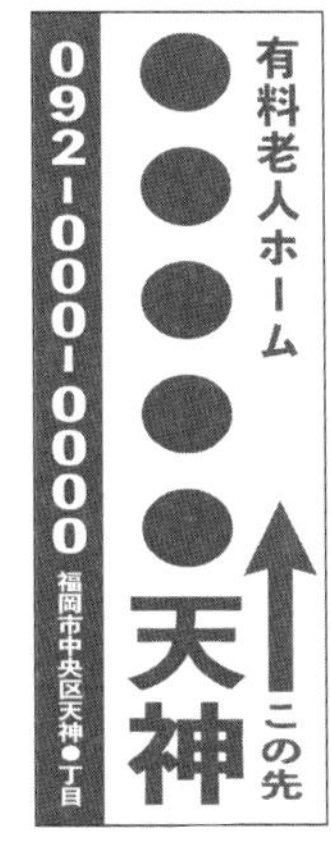

（図16）

このように、満室だからといって慢心せずに、常に露出をし続けるのが「満室広告」という考え方です。

3章

まずは現状把握
—セルフマーケティング—

1 ニーズに合った「コンセプト」はありますか？

前章でご紹介した施設の「コンセプト」。自施設のコンセプトを思い描くことはできたでしょうか。実際に、他の施設ではどのようなコンセプトを揚げているのでしょうか。「安心を提供する」「快適さを提供する」「笑顔あふれる施設にする」などといったコンセプトだった場合は、再検討をおすすめします。

それは、「安心」でない介護施設や高齢者住宅はないからです。もしあった場合、入居検討者から選ばれることはないでしょう。また、「快適」も同じです。居住系の施設であれば、「快適」な暮らしを提供しなければ選ばれないでしょう。どんなに狭い居室でも、共用部分やサービスによって、「快適」な暮らしをお届けできます。なので、これらはありきたりのキーワードなのです。

「笑顔」は、どの施設にも共通する要素でしょう。「笑顔」のない施設など、見たことがないからです。「笑顔」という言葉は、使いやすくて何だかいいというイメージですが、裏返してみると、どこにでもありふれている、イメージだけで具体的な要素が伝わらないといったデメリットも感じられます。さらに、「アットホームな暮らしを提供すること」をコンセ

図17　コンセプトとキャッチフレーズ例

安心	快適	笑顔
認知症の方が安心して お住まいいただける施設	老舗旅館のように、どこか懐かしい 心かよう快適な施設	幸せな笑顔を実現するための 私たち施設の3つの特長

プトにする場合、これも同じく、アットホーム感のない介護施設は人気が出ることはないでしょう。居室数が多いマンションのような高級老人ホームが、アットホーム感を前面に押し出すケースはあまりありませんが、中規模、小規模の場合であれば、アットホームさがなければ選ばれないでしょう。

これまでで挙げたキーワドは、どの施設にでも当てはまる要素です。そこに独自性をプラスすることで、意味のあるコンセプトに変わります。

たとえば、「安心」だと、「認知症の方のための安心づくり」とするだけでも、認知症でお困りの家族は心が動くでしょう。また「快適」であれば、「老舗旅館のような、心かよう快適さを提供」などとするとイメージが湧きやすくなります。温泉がありそうです。「笑顔」の場合は、具体的にはむずかしいですが、「笑顔を実現する○○ホームの3つの特長」などというフレーズで、「笑顔」につなげた独自の特徴づくりをしましょう。（図17）

さらに、コンセプトが1人よがりにならないためにも、次から紹介する自施設分析シート、他施設比較シートを活用して、自施設の強みやウリを導き出し、独自のコンセプトづくりを目指しましょう。

コンセプトが明確になることで、とても販促活動がしやすくなるし、広告デザインも作りやすくなります。それは同時に、消費者にとっても、施設の特徴や他との違いがわかりやすくなり、選ばれやすくなります。

競合は、これからもさらに多くなります。まずは選んでもらえるようにすること、他との違いや特徴をわかりやすく伝えることが消費者から求められているのです。

2 独自の〝ウリ〟を明確化することが満室への近道

コンセプトを考えていく中で、独自の〝ウリ〟ってなんだろう？ということを考えなくてはなりません。特に、介護施設や高齢者住宅は施設設置基準をクリアして建てるので、低コストであればあるほど、施設のハード面での差は出ません。そのため、建設費用を投資できた施設とそうでない施設の差は自ずと出てしまいます。その中でも、コストを抑えつつ、施設設置基準も守りながら、工夫を凝らした施設も少なくはありません。これは、建てる前からしっかりとしたコンセプトづくりとウリの設定ができていたからでしょう。

入居一時金50万円とそう高くない施設でも、玄関付近を訪れた人の話題になりそうな豪華な作りにしている施設があります。驚くことに、滝まであるのです。ここのオーナーは、家族が後ろめたい気持ちにならないようにしたいという思いから、入ってくるときと帰るときに必ず通る入口付近だけでも豪華にしたいという考えから、このようにされたそうです。中に入ると、設置基準を意識して作られた普通の介護施設です。入口だけ変えるだけでも、印象は大きく変わるし、ウリにもなるのです。これから建設を予定されている方は、参考にされるとよいでしょう。

そして、特に有料老人ホームやサービス付き高齢者向け住宅は、どんどん数が増えています。競合が増えることは、消費者にとって選択肢が増えるというメリットと、どこも同じように見えてしまい、特徴がわかりづらいというデメリットを生みます。そこで、しっかりとした独自の〝ウリ〟を見つけましょう。ではここで、ウリを作れるポイントをいくつかあげてみます。

●事業母体でウリを作る

施設選びをする中で、どこが運営している施設なのかを調べられる方がほとんどです。そのため、大手企業が母体の施設は、必ずと言っていいほど、施設名の上などに「○○○○グループ」などといった文言がつくことが多いようです。医療法人や介護に特化している法人が運営母体の場合は、そのことを打ち出しましょう。「介護業界で○○年の実績」や「地域医療を担って○○年の…」などとしてもいいでしょう。異業種から介護業界へ参入し、さほど有名な企業でなくても、「○○業界で培ったノウハウを…」のように本業を打ち出すなども、信頼を得るための工夫と言えるでしょう。

●料金面でウリを作る

高齢者の住まいや施設を選ぶためのファクターである料金。これは必要条件なので、必ず提示されます。そこで、価格帯が目立って低く設定できたり、入居時の負担額がかなり低いのであればウリになります。金額の表記も、○○○○円～というように底値からの表記をしましょう。

●人員体制でウリを作る

介護付き有料老人ホームには、人員基準が設けられています。その基準より人員を多く配置できる施設であれば、人員体制をウリにできるでしょう。あるところでは、大浴場専門のスタッフがいる施設がありました。そのスタッフは、入居者との何気ない会話から、いつもどんな時間に誰が入浴するかを把握しています。その時間にいつも来ている人が来なかったら、居室で倒れたのではないか？　何か問題が起こったのではないか？　などと安否確認をしたり、入浴時の顔色や入浴中の体調不良などにもいち早く気づける健康管理の一翼を担っています。これも大きなウリです。私なら、「番頭のいる老人ホーム」として、マスコミに露出したいほどです。このように、介護職以外の専門スタッフがいることをウリにすることもできます。

●医療ニーズでウリを作る

住宅型有料老人ホームやサービス付き高齢者向け住宅では、介護保険を使ったサービスが提供できませんが、外部のサービスとの連携を強化することで、独自のウリが作れます。たとえば、「○○病院と協力しています」や「透析患者さんの送迎ができます」や「認知症専門医が訪問診療に来ています」なども、ウリのひとつになるでしょう。

●施設設備でウリを作る

高級な老人ホームになれば、視聴覚室、カラオケルーム、娯楽室、フィットネスルームなどが設置できてウリとして伝えたくなりますが、多くの施設では同じようにはいきません。

しかし、豪華な施設設備がなければウリが作れないかというとそうでもありません。「〇〇ホーム農園で四季を感じることができます」「軒先の縁台で夕涼み」なども、プラスイメージになるので、ウリのひとつになるでしょう。

ここまでは一部の例ですが、しっかりと独自のウリを見出してみましょう。

(ア) セルフマーケティング① 自施設分析シートを活用した強み・弱みの再確認

独自のコンセプトやウリを見出すために、高い経費をかけてコンサルタントにマーケティングをお願いする前に、セルフマーケティングシートを利用するとよいでしょう。これは、SWOT分析を自己分析だけに特化して、数値にすることで見える化した、私オリジナルのシートです。（図18）

12の項目を1から5までの5段階で評価をしていくだけで、自施設の自信が持てる箇所やウリとなる場所が把握できます。点数はご自身の中での自己評価でかまいません。あくまでも、自信を持って言える強みと自信のない弱みを見つけるためのシートです。

① まずは「立地」です。交通の利便性がよいかどうかの切り口で評価してみましょう。もし、交通の利便性での評価が低い場合には、快適な暮らしを送ることができる立地かどうかの評価をしましょう。閑静な住宅街でも、緑豊かな土地でもいいでしょう。何の

図18　セルフマーケティングシート

セルフマーケティング　自施設分析シート

以下の12項を1～5段階で自己評価しましょう。
また、競合施設の評価もしましょう。

施設名：

①立地
1　2　3　4　5

②入居時に必要な価格
1　2　3　4　5

③月額利用料
1　2　3　4　5

④居室数
1　2　3　4　5

⑤居室
1　2　3　4　5

⑥共用部分
1　2　3　4　5

⑦介護ニーズ
1　2　3　4　5

⑧医療ニーズ
1　2　3　4　5

⑨地域連携
1　2　3　4　5

⑩スキル
1　2　3　4　5

⑪体制
1　2　3　4　5

⑫イベント
1　2　3　4　5

基準で評価したかも記入します。

②「入居時に必要な価格」でも評価します。安いのか高いのかを判断基準にして評価しましょう。

③も同じく、「月額利用料」が高いか安いかで評価しましょう。その中に含まれる独自のサービス料などがある場合は、特徴になるかもしれません。たとえば、介護保険外のサービスをどんなに受けても一律のサービス料でお得感があったり、消耗品費も含まれているなどは、単純な料金比較にならないので記入しましょう。

④次は、「居室数」を評価します。居室数は多いか少ないかを評価しますが、多いからよい、少ないからよくないというわけではありません。入居検討者によっては、少ない施設のほうがアットホーム感があって、手厚いサービスが受けられそうなどの評価をしていただけることもあります。また、多い施設になると、にぎやかで楽しそう、サービスの種類が充実していそう、などと思われるでしょう。20室未満は1、30室未満は2、40室未満は3、60室未満は4、60室以上は5と評価しましょう。

⑤「居室」についての評価です。ここでは、広い狭いもありますが、トイレの有無、キッチンの有無、備え付けの家具なども評価の対象にします。

⑥「共用部分」についてです。共用部分の充実度で評価しましょう。

⑦「介護ニーズ」については、どの程度の重度の方なら受け入れ可能か、を評価します。要介護1以下は0点の評価、要介護5の場合は4点の評価をしましょう。併設の介護事業所があるかないかも評価対象です。また、医療・介護の受け入れ可能な項目も整理しましょう。受け入れ可能であれば「○」、症状の内容によって対応できるかどうか応相談の場合は「△」、受け入れ不可は「×」と整理して一覧をつくっておきます。この受け入れ一覧は、パンフレットやチラシの作り込みにも活用できます。

⑧「医療ニーズ」については、医療連携の密接度を評価してみましょう。母体が医療事業者であっても、どの程度の連携かを自己評価します。

⑨「地域連携」についての評価です。自治体とどの程度密接なのかを自己評価します。町内会に参加しているのか、老人会に呼ばれるかなどは評価に値するでしょう。

⑩「スキル」はスタッフのスキルです。スタッフの中に、経験値の高いスタッフがいるのかどうかというのが評価基準です。また、介護ノウハウではない過去の職業でのスキルも特記事項として記入して評価しましょう。たとえば、元大工がいる場合なども面白いですね。

⑪「体制」は人員体制です。十分に人を配置できているのか、満足いく配置なのかを自己評価します。通常の介護付き有料老人ホームでは、3人の入居者に対して1人の介護

職員という人員体制が基準です。外部サービスも含めて、どのような人員体制でサービス提供ができそうですか？

⑫「イベント」は、レクリエーションを含むイベントです。季節のイベントを開催するのはもちろんですが、スタッフがどの程度力を入れてできているのかなども評価します。

この12項目を評価すると、2点・3点などがなく、4点ばかりなど、バランスが取れてしまっているように見える場合は、逆に特徴が見出せてないかもしれません。その場合は、次の他施設との比較シートを活用していくとウリがわかりやすくなります。

(イ) セルフマーケティング② 他施設比較シートを活用した自施設のポジショニング

自施設のことを、セルフマーケティングシートで把握することができたら、次に他施設との比較を行ない、自施設の特徴を見つけていきます。セルフマーケティングシートでは、12項目で、自施設を5段階で評価していただきました。その中で、評価が5だったものや4だったものを、他施設と比べていきます。

自施設のエリアで、競合となる施設を10～20施設程度リストアップしましょう。競合施設の選び方は、エリア内にある中核病院を中心に、病院へ患者さんが通えるであろう範囲で選

図19　マトリックス分析1

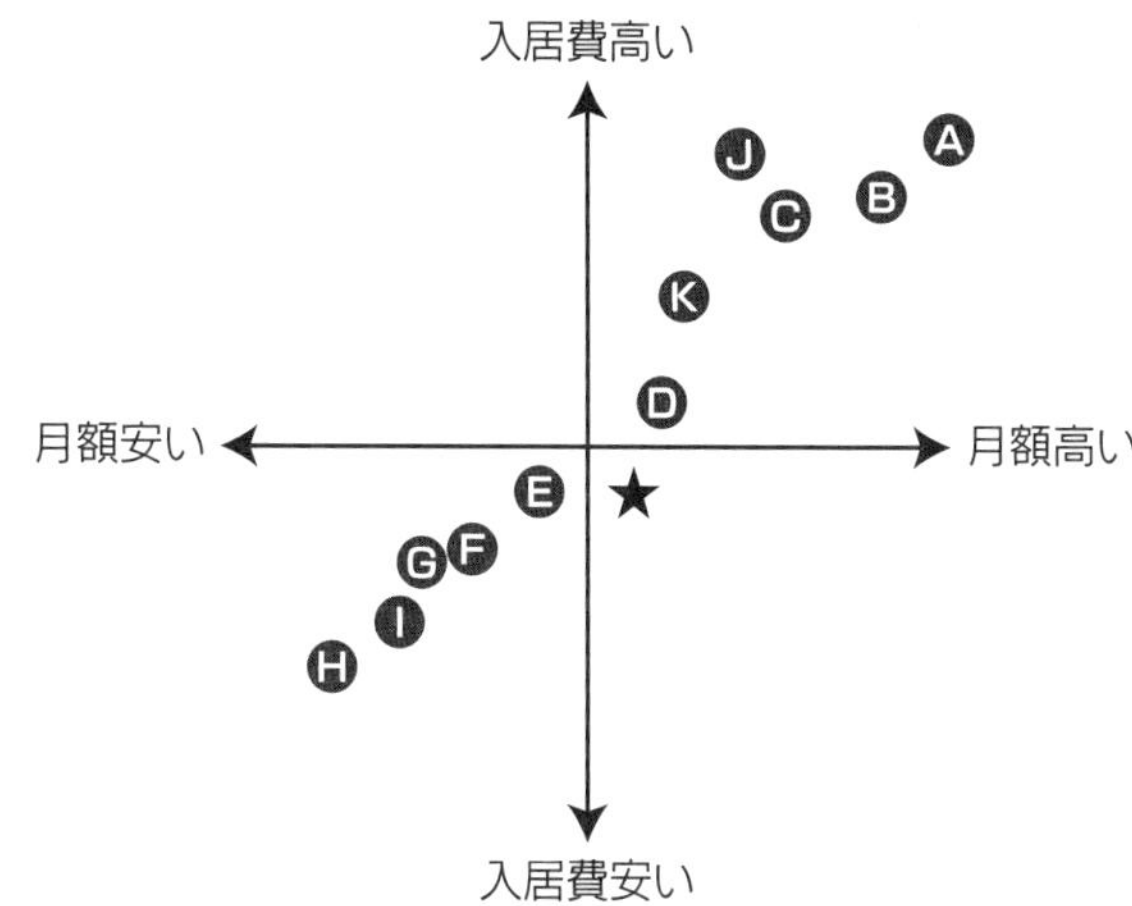

んでいきます。中核病院が複数ある場合は、それぞれを中心にA、B、C……とリストアップしましょう。

リストアップができたら、比較を始めます。比較は、縦軸と横軸のある他施設比較シートにマークします。いわゆるマトリックス分析と呼ばれるものです。図19は、縦軸に入居時の費用、横軸に月額の費用を設定しています。（図19）

次の図20も縦軸は、必要条件の中で最も検討を左右する費用で設定します。費用については、入居時にかかる費用と、月々にかかる費用があるので、それぞれを縦軸とした大きく2つのマトリックスで比較します。横軸は、自施設の特徴となりそうな項目を設定します。

図20　マトリックス分析2

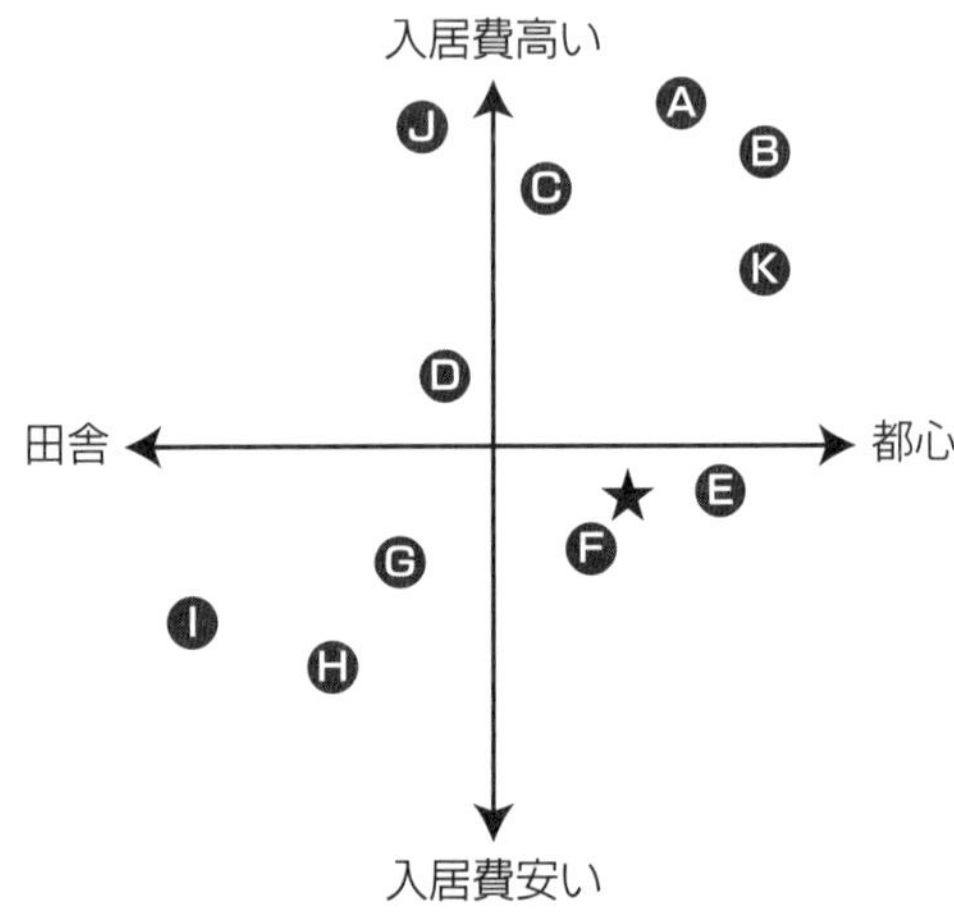

たとえば、「縦軸は入居時にかかる費用」で、横軸は「立地」で比較してみましょう。高額なホームでも、郊外にある場合もあるし、低額なホームでも都心にある場合もあります。立地を優先して検討されている方であれば、金額にかかわらず決めることもあります。他施設と比べて、立地が優位なポイントであれば、交通利便性、環境利便性をしっかりと訴求しましょう。（図20）

次に、縦軸を「月々にかかる費用」にし、横軸を「介護ニーズ」を横軸にしてマトリックス分析をしてみましょう。介護ニーズがほぼ同じ施設があった場合は、料金で比較されて選ばれることがあります。その際に、どの部分で差をつけることができるのかを他の地域連携やイベントなどの比較で見出します。

また、月々にかかる費用には、介護保険の負担額を入れて計算をしていませんので、消費者の負担額を説明するときには気をつけなければなりません。

(ウ) セルフマーケティング③「入居した理由」「入居しなかった理由」の整理でつかむお客さま心理

セルフマーケティングシートと他施設比較のマトリックス分析は、どちらかというと事業者目線であったり、数字だけで机上の分析が強く出てしまいます。自施設のことをしっかりと把握するには、一般の消費者、しかも入居した方、入居しなかった方の意見が役に立ちます。筆者が介護業界の販促に携わって、他の業種と比べてまだまだ足りないと感じる部分は、消費者に対するリサーチ力です。

通販業界や教育業界、不動産、住宅系などはしっかりとヒアリングをし、次のプロモーションに活用できる情報の集約が可能な仕組みが整っています。しかし、介護業界では、入居に向けてのヒアリングはできていても、次のプロモーションに向けてつながるアンケートの仕組みや、ヒアリングはできていません。後に紹介する受付シートのフォーマットでは、なるべくプロモーションに活かせる情報もヒアリングできる仕組みを取り入れています。

まず、入居を決めた・決めなかった以前に、どのような手段で自施設を知っていただいたのでしょうか。その答えとして多いのは、居宅介護支援事業所のケアマネジャーからの紹介でしょう。紹介された方は、ケアマネジャーから、自施設をどんな理由ですすめられたのかをヒアリングしましょう。

介護ニーズや医療ニーズの受入れ、価格帯などの他に、「あそこの施設の○○さんなら、相談に乗ってくれるでしょう」といったような施設のスタッフを名指しですすめてくれた場合であれば、営業アプローチ先へ質のよいコミュニケーション活動をしている証拠です。介護事業所や病院からの紹介の場合は、どのようなニーズなのか、どういうところをすすめられたのかをヒアリングしましょう。有料老人ホーム紹介センターなども同じです。

何かの媒体を通じて知ったという場合は、少し掘り下げて聞いてみましょう。よくありがちなのが、事業者側が誘導しすぎてしまうことです。そうなると、正確なアンケート情報を手に入れることができなくなるので、注意しながらヒアリングします。検討者側は、チラシで見た情報だったのか、看板で見た情報だったのか、ホームページを見てだったのか、などをしっかりと記憶していないことが多くあります。たとえば、毎日看板を見ていて、さらにたまたま見たチラシを見て問い合わせをした場合、どちらが広告の効果と言えるでしょうか。最終的な問い合わせをした要因としては、チラシかもしれませんが、いつも見ていた看板の効果も少なからずあるでしょう。チラシを見て、さらにホームページも見て問い合わせをしてきた方も、単純にホームページの効果だけではないでしょう。この効果測定は、しっかりとしておかなければ、チラシの効果がないから、ホームページだけにしよう！　などというもったいない判断をしてしまうことになりがちです。

入居を決めた方の理由については、価格、立地、間取りといった一般住宅を選ぶ3大ファクターがすぐにヒアリングできるのかと思いますが、それだけでなく、サービス面や共用部分について、また、イベントやスタッフの対応などが決定打になることが多くあります。さらに、他にどの施設に見学に行って、その施設と比べてどの部分で優っていると判断したのかをヒアリングしてください。そこに、他施設に負けない独自の価値が見えてくるはずです。

逆に、入居を決めなかった方の理由もとても参考になります。ここでは、絶対に変えることのできない立地や金額などが理由になったことも出てくるでしょう。その場合は、伝え方を変える必要が出てきます。田舎で立地が悪い場合でも、静かで自然豊かという表現を検討してみたり、都心から車で何分などと、所要時間などを見せることでも変わります。また、駐車場があることなども伝えているか、なども見直しましょう。費用面で、高額だから入居しなかったという理由の場合、高いなりの価値が伝わっていません。その場合は、サービスやハードなどの質を、しっかりと訴求する必要があります。

このような施設についての条件ならば、改善や表現の切り口で変えることができますが、次のような理由は要注意です。

「スタッフの対応がイヤだった」「問い合わせしたが、知りたいことの返答がなかった」「連絡がなかったので、先に返事がきた他の施設に決めた」「他の施設のほうが親身になってくれたから」などです。

このような内容は、施設側の努力やスタッフ教育面で早急に手を打つ必要があるでしょう。しかし、このようなネガティブな意見を話してくれる消費者はごくまれです。ほとんどの方は、話してくれません。なので、施設側から、「こちらの不手際がありましたか？」というヒアリングをする必要があります。

実際の検討者からヒアリングができると、自施設の強みと弱みがしっかりと見えてきます。

(エ) セルフマーケティング④　「問い合わせ者数」「見学者数」「入居者数」で歩留まりの把握を

私が介護業界の販促に携わって、他の業種と比べてまだまだ足りないと感じる部分として、先ほどのリサーチ力の他に営業管理があります。通常の営業会社の場合、多いところでは朝晩の営業会議で今月の目標数字の確認、進捗の報告などでの数字が飛び交います。有料老人ホームやサービス付き高齢者向け住宅は通常の営業と違い、暦の中で入居が必ずある時期や売れやすい時期がありません。そのため、目標や進捗という数字は設定こそ大事ですが、追いにくいと考えます。そこで、次の3つの数字をキーワードに営業管理をすることを勧めます。「問い合わせ者数」「見学者数」「入居者数」の歩留まりです。

「問い合わせ者数」を母数に、何人が見学に来たのか。見学に来た方を母数に何人の方が入居したのかを数値化しましょう。たとえば、100人の問い合わせで20人が見学にきた場合、歩留まりは20％です。20人の見学者に対して10人が入居された場合の歩留まりは50％です。その際の問い合わせ者数から、入居者数の歩留まりは10％となります。

ここから、50室の有料老人ホームを満室にするためには、500人の問い合わせが必要で、100人が見学するという計画が立てられます。しかし、500人の問い合わせを取ることはかなり労力とコストが必要です。さらに新規オープンの場合は、キャンセルされる方が出てきます。私の経験上、入居を決めたと言われた方の15％をキャンセル率で計算することをおすすめします。ということは、50室の有料老人ホームを満室にするためには、60件の入居申し込みを必要とする計算ができるでしょう。（図21）

すでにオープンされている施設なら、ぜひ1度計算をしてみてください。さらに、そこか

図21　歩留まり計算式

問い合わせ者数から、入居者数の歩留まりが10%の場合に
50室を埋めるための計算式

入居成約者数 ＝問い合わせ者数 ×見学率×成約率×(1－キャンセル率)

50　≒　500　×20%×60%×(1－15%)

ら、問い合わせ媒体ごとに歩留まりを計算すると、1番反響があり、コストパフォーマンスのよい媒体がわかるでしょう。

有料老人ホームやサービス付き高齢者向け住宅の営業では、見学者数からの入居者数の歩留まりが高いことが特徴です。逆にいうと、見学にさえきていただければよいので、問い合わせ者を、いかに見学まで誘導できるのかが入居者数に大きく作用します。ケアマネジャーや病院などから紹介があった場合、すぐに見学に来てくれるので、効率がよいという結果が生まれるでしょう。

しかし、居室数が多い施設の場合、紹介だけでは満室にすることは難しくなります。ですので、営業や販促、広告に力を入れていかなければなりません。その際に、この歩留まりの計算ができていれば、どの媒体に力を入れるべきかがわかってきます。

「問い合わせ者数」「見学者数」「入居者数」といった営業管理ができている施設では、無駄な労力とコストがかかりにくくなります。

しかし、計算通りにはなかなかいかないのが営業です。例に出したように、500人の問い合わせを獲得するためには、かなりの労

力とコストがかかります。一般的な折込チラシの反響率で、住宅系は0・01％と言われています。よくて0・1％でしょう。そうなると、500万部は折込チラシをまかなければ、500人の問い合わせを獲得できない計算です。そのため、紹介から獲得する入居者の数、広告から獲得する入居者の数を設定し、それぞれの目標に向けて数字の内訳を組み立てていくことをお勧めします。たとえば、50室の有料老人ホームであれば、半数を紹介、半数を広告と分けて考えて計画を立てるとよいでしょう。

4章

「販促活動」の流れと方法

1 入居者募集までの流れと営業で必要なツールの整理

この章では、2章でお伝えした入居者募集までの流れを、より具体的なものとしていきます。入居者募集する居室数から歩留まりを計算すると、見学者の獲得数、問い合わせの獲得数が見えてきます。問い合わせを獲得するための媒体は何なのか？　紹介元の候補はどこなのか？　どんな営業ツールや仕組みが必要になりそうか、などを具体的に想定していきましょう。図のような入居までのスキームの中に当てはめていくと計画しやすくなります。（図22）

みなさんの施設では、問い合わせ者を獲得する媒体としては、何を使いますか？　効果的な媒体とは何でしょう。地域を重点的に狙うとすれば、折込チラシがよいでしょう。ポスティングもやる価値はあります。何かの雑誌に広告を載せますか？　雑誌への出稿は効果測定が難しいですが、地域のフリーペーパーだと、広告の内容しだいではアリでしょう。ホームページは整備できるでしょうか？　現代社会において、ウェブを活用しない手はありません。ソーシャルメディアも、同じく検討するべきでしょう。看板や施設前に立てる「入居者募集」ののぼりなども必要です。

図22　入居者募集計画

入居成約者数 ＝ 問い合わせ者数 ×見学率×成約率 ×（1－キャンセル率）

50　≒　500　× 20% × 60% ×（1－15%）

媒体	数	
ホームページ	50	ウェブ広告（媒体名　　　　）
折込チラシ	200	折込先（新聞社名　　　　）
新聞広告	100	出稿先（新聞社名　　　　）
ポスティング	50	ポスティングエリア（エリア名　　　　）
紹介	50	紹介元（紹介元名　　　　）
看板	20	掲載場所（掲載場所名　　　　）
SNS	20	掲載サイト（SNS名　　　　）
通りすがり	10	

予算に応じて、利用する媒体は検討するべきですが、まずは理想の入居者募集スキームを考えることをおすすめします。理想のスキームを立てた後に、予算やマンパワーを考慮し、実現可能なスキームへと整えていくようにします。そうすると、必ずやるべき施策、やりたくてもできない施策が把握でき、工夫が生まれます。この工夫こそが、施設の独自性を生み出す決め手になるのです。

次に、紹介元はリストを作っておきましょう。紹介してもらえる予定数は、1箇所あたりにつき、多くて2名です。想定できない場合は1名にしましょう。数を想定するときに、2名の紹介が期待できる紹介元は、営業強化するべき重要紹介元です。重点営業先が決まると、そこへの訪問頻度を増やすことや、営業を手厚くする計画などが立てられます。またアプローチ先も、「医療系」なのか「介護系」な

図23　アプローチ先とヒエラルキー

自立系

①
入居者本人
アクティブ
シニア層

②

入居者の家族
間接的な
説得相手に

③

関連専門家
病院や弁護士・
税理士、各種団体など

介護系

①

入居者の家族
家族が直接の
折衝相手

②

関連専門家
ケアマネ（居宅）や
地域包括、病院など

③

入居者本人
要介護
認定者層

のか「金融系」なのかなど、ニーズに合わせた営業計画も容易になります。（図23）

紹介元のリストができると、その紹介元が入居検討者を紹介しやすくするためにはどのようなツールがあるとよいでしょうか？　施設紹介パンフレットはもちろん必要です。料金表も必要です。その他、介護ニーズの受け入れ体制、施設（居室や共用部分）の図面、レクリエーション一覧、空室情報表などがあると、紹介元もすすめやすいでしょう。

この紹介元へ渡しておきたい営業ツールは、自施設の営業場面でも活用します。特に営業経験のないスタッフでも、説明ができるようにするためのツールとしても活用できるでしょう。

以前、私が集客の仕組みを支援した施設では、13の営業ツールを制作したことがあります。そのツール制作のための事前ヒアリングでは、スタッフが問い合わせの際や営業対応の際に、どんな説明をしますか？ どのような質問が多いですか？ などと現場目線、相談者目線の制作をしました。みなさんが自施設のツールを制作される際には、ぜひ1度スタッフ間でのヒアリングや必要と思われるツールの案出しをされることをお勧めします。より現場目線の、オリジナル営業ツール案が出てくることでしょう。

また、入居が決まった方へ重要事項説明書の内容を説明しますよね？ あれは、文字ばかりの書類なので、入居検討者の中には、イメージが湧きにくい方もいらっしゃいます。営業ツールでうまく補完できると活用の幅も広がるので、そこまで意識してツールの整備をすることをおすすめします。

では、必要になると思われるツールは何でしょうか。施設館内の図面やフロアマップは必要ですね。次に、施設のエリアマップが必要でしょう。近くにある病院や介護事業所、お店や銀行など、生活に関わる施設をマップで見ることができれば、入居後の生活も安心できます。1日の過ごし方がわかる入居後の生活事例もあるとよいでしょう。何時に朝食があり、何時にリハビリや入浴介助があるのかなど、時間割の例があると、より具体的に施設での生活が想像できます。料金表とは別に、介護度ごとの料金シミュレーション表を作っておくと、より具体的な料金の説明ができます。入居一時金の支払いがある施設の場合では、入居一時金の償却表と返還シミュレーション表もあるとよいですね。

2 訪問営業先の整理

高齢者住宅や施設の入居者募集に関して、待ちの姿勢になってしまってはいけない、と私は考えます。もちろん、何もしなくても入居希望者がどんどん集まってくるのであれば施設の経営も安定するでしょう。しかし、本書の最初に触れた通り、高齢社住宅や施設のマーケットは、これからもニーズがあるため、新しい施設ができることは容易に考えられます。また、医療、介護業界の悪い特徴として、同じ事業所にスタッフが定着しづらいということがあり、営業した先の事業所の担当者が変わることなどは日常茶飯事なのです。これは営業先だけではなく、自施設においても起こり得る話です。そのため、営業先と自施設のそれぞれの担当者が顔見知り以上で、意思疎通や情報伝達が密にできる関係性を継続し続けることを、訪問営業するための目標にしていただきたいと思います。

それでは、訪問営業の準備として、前の項目で伝えた通り、訪問営業先リストを作ることからはじめましょう。リストを作る目的としては、訪問営業をできる限りルーティンにするためです。営業未経験者が多く、介護の現場を兼任される方が多いため、どこに営業に行こうかな？　どうやって営業しようかな？　などと悩む時間を極力減らしていくことが、無駄のない営業活動となります。また、細かな目標設定こそが、営業が不慣れなスタッフにとっては、営業へのモチベーションとなります。訪問先をあまり多くリストアップしすぎないことと、マンパワーを考えて営業できる範囲での設定を心がけてください。

リストの営業先カテゴリーは、「医療系」「介護系」「他施設」「地域」の4つで考えます。病院などの医療施設や介護事業所系は、自施設を含んだ生活圏で中核となる病院を見つけましょう。中核になる病院は、入院設備があり入退院の多い病院、老人介護保健施設を持っている病院、デイケアを持っている病院やクリニックをピックアップするとよいでしょう。

自施設が透析患者を対象としている場合は、透析設備を持っている病院やクリニック、認知症を得意としている場合は、精神科のある病院をリストアップしましょう。介護事業所は、リストアップした病院のあるエリアの居宅介護支援事業所、地域包括支援事業所をピックアップします。よく、病院やクリニック、老人ホームなどと同じグループの居宅介護支援事業所に営業してもいいのですか？　と質問を受けますが、優先順位を下げながらも営業するようにしてください。営業を重ねながら、今後のお付き合いを考えるなどと対策をしていくことをおすすめします。居宅介護支援事業所によっては、まったく営業を受け付けてもらえないところもありますが、まず1度は訪問をして判断をしましょう。その他、連携がとれそうなデイサービスや訪問介護支援事業所、グループホームなども営業対象にしてもよいでしょう。施設の価格帯にもよりますが、低価格帯を売りとする施設であれば、特別養護老人ホームへの営業も視野に入れてください。待機待ちをされている方へ、待機待ちの間の入居施設として利用してもらえるように営業する方法もあります。

施設類型やサービスの近い施設も、挨拶回りや情報交換などができる間柄になるとよいでしょう。たとえば、見学会や試食会などの無料のイベントには参加するが、入居をしないような冷やかし客が現われた場合などに、近隣の施設と上手に連携が取れていれば事前に情報を手に入れることができ、対策を練ることができるかもしれません。また、自施設で受け入れ困難な方でも、他施設では受け入れができる場合やその逆もあるため、連携をとっておくことは決して無駄ではありません。

さらに、スタッフの近隣施設への流出を防ぐ効果もあります。それらの理由を踏まえて、エリア内の高齢者住宅・施設もしっかりとリストアップしましょう。

金融関係は、口座のある銀行はもちろんですが、できれば信託銀行とのパイプを作りましょう。高額の有料老人ホームであればなおさら必要です。信託銀行では、貯蓄や融資などはもちろんですが、遺言書や遺産の管理などまでサポートするサービスがあります。そのようなサービスを活用する方々がターゲット層に合えば、元気なうちから高齢者住宅に移り住むことなども検討されます。後は、年金の管理で使われやすい地方銀行やＪＡバンクなども1度は訪問してみましょう。

「地域」の営業先リストは、町内会長、敬老会（老人会）、美容室、喫茶店などをリストアップしましょう。

断られるところもあると思われますが、まずは1度訪問してみることが大切です。

(ア)「医療系」「介護系」への営業のポイント

訪問営業を進めて行く際に、気をつけていただきたいことがあります。それは、どの訪問先に対してもあてはまります。「営業のためのアポイントをいただいていても、相手は忙しい中で用意していただいた時間と心得ること」「相手はどんな情報を欲しているのか、どんな情報なら喜ぶのかを考えること」です。

「アポイントをいただいていても相手は忙しい」は、飛び込み営業の時は細心の注意を払って訪問をするのは当然だということです。アポイントをいただいていても、訪問先の方の中には、優しくて断わりきれなかったという方もいるはずです。その方でも、通常業務を抱えているので絶対に忙しいはずです。そのことを頭に入れて訪問するべきです。「医療系」の場合は、地域連携室が営業対象になることが多いかもしれません。地域連携室は、看護師、社会福祉士（ソーシャルワーカー）で構成されていることが多く、対応してくださるのは社会福祉士でしょう。看護師さんの場合、その医療機関の看護師長クラスの方がメンバーになっていることが多いため、なかなか会うことが難しいかもしれません。ある程度大きな医療機関なら、繁忙期の影響は地域連携室にはあまりありませんが、小規模のクラスになると、診療報酬請求の手続き時期などは忙しくされていることがあります。俗に言う、レセプト業務の時期です。毎月、月初から10日の間はレセプト業務に追われていることでしょう。

小規模の場合は、院長が地域連携室のメンバーの場合もあるので要注意です。もし、営業対象に事務長クラスの方がいた場合は、ピリピリされている時期なので近づかない方が賢明です。また忙しい時期に行くと、会えたとしても話せる時間も少なくなるし、好印象は残しづらいと思います。

では、地域連携室の方々はどんな情報を欲しているのでしょうか。退院後の受け皿を探しているので、連携室の人たちが患者さんを安心して紹介できる施設であることを納得してもらうことを目標にします。施設の事業母体がわかる資料、施設パンフレット、料金表、受け入れ可能な疾患がわかる受入対象表、今現在の空室情報などがあると進めやすくなるでしょう。また、地域連携室の相談室の机の上に置けるサイズのリーフレットなども制作してもよいかもしれません。

訪問時間はアポイントの場合は別ですが、飛び込み営業の場合は外来患者の多い午前中を避けて、午後の14時以降にします。訪問頻度は、月に1度から2度で、1度はアポイントで訪問し、2度目は資料の補充などで訪問するとよいでしょう。

「介護系」の場合は、居宅介護支援事業所のケアマネジャーが対象になることが多く、地域包括支援センターの場合はソーシャルワーカーが対象になることが多いものです。注意すべきは、ケアマネジャーでしょう。

居宅介護支援事業所の規模にかかわらず、ケアマネジャーの方は忙しいと認識してください。ケアマネジャーの方々は、それぞれ担当の患者さんを抱えているので、担当の患者さんの容態などに合わせて動くこともあります。一番忙しい時期は、介護保険請求の時期でしょうか。医療の診療報酬と申請時期は一緒なのですが、1人でされている業務を考えると、月末月初がピークです。20日以降から10日までが忙しいと考えられますので、11日から19日の間を営業期間と設定しておいてもよいでしょう。

患者さんを通して関係性が生まれてくると、営業の頻度にかかわらず、会う回数や電話でのやりとりが増えることもあるので、あせらずに営業を重ねていきます。では、ケアマネジャーの欲しい情報はどのような情報でしょうか。

施設パンフレット、料金表、受け入れ可能な疾患がわかる受入対象表、今現在の空室情報などはもちろんですが、施設所在地がわかるマップや1日の過ごし方など、より具体的な内容をそろえておいてもよいと思います。それは、ケアマネジャーの方々はある期間、患者さんとその家族とかなり密接な間柄になっています。そのため、具体的な相談を受けるし、パーフェクトに近い回答もしたいはずです。そのためのツールをお渡ししておくことは、有利に働くでしょう。ケアマネジャーとのパイプが強くなると紹介の確率も上がります。「介護系」の営業先として次に上がるのが、地域包括支援センターです。

地域包括支援センターの場合は、介護相談における入口なので、軽度の介護が必要な相談者が多く来られます。そのため、介護認定の低い方を対象とされている施設の方であれば、地域包括支援センターの訪問頻度を増やすことをおすすめします。

今では、地域包括支援センターも民間運営のところもありますが、基本的にはどこか特定の施設へ肩入れすることはなく、中立の立場です。相談者やその家族が不安なく、問題なく生活を送ることをサポートすることが目的なので、施設への入居が最良とみなされる方には施設の紹介が必要となります。

そうなると、居宅介護支援事業所のケアマネジャーと同じように位置づけできます。しかし、相談に来られる方の背景が、居宅介護支援事業所とは少し異なります。

地域包括支援センターには、介護認定を申請する前の方の相談が主になるため、自立もしくは要支援に当たる方々がほとんどです。そのため、相談内容もどうやって在宅での生活を続けるかということが優先されるケースも多く見受けられます。デイサービスや訪問介護事業所などを運営している事業者さんであれば、無理に居住系の施設への営業をするのではなく、デイサービスの利用や訪問介護事業所の利用から営業することもアプローチのポイントとなるでしょう。

居宅介護支援事業所を運営している事業者さんであれば、居宅介護支援事業所の紹介もするとよいでしょう。要介護の方を募集する施設の場合は、あまり力を入れなくてもよいかと思います。自立、要支援をターゲットとする場合や生活保護の方も、入居可能な施設の場合は地域包括支援センターへのアプローチは必要です。

3 見落としがちな「金融系」へのアプローチ

有料老人ホームやサービス付き高齢者向け住宅の営業で見落としがちなのは、「金融系」

へのアプローチです。

多くの事業者さんは、「金融系」への営業などしたことがないという方が多いと思います。高額な入居一時金を必要とする有料老人ホームの場合は、すでに「金融系」の営業を進めているところも多くありますが、それ以外の有料老人ホームやサービス付き高齢者向け住宅では、ほとんど営業していないのが実情です。

では、どのような「金融系」の場所へアプローチをするべきなのでしょうか？

まず、消費者、すなわちターゲットである高齢者の方の生活スタイルを思い浮かべてください。ほとんどの方々が、年金をもらう生活をされているはずです。そのため、銀行や郵便局等の金融機関には定期的に訪れています。

さらに、資産管理や資産運用する場合にどのような方々に相談するでしょうか。生命保険など扱っている保険取り扱い業者、弁護士、税理士、司法書士などの専門家が考えられます。実は、施設側が求めているターゲット層と、先ほどあげた金融系や専門家たちが求めるターゲット層は、同じであることが多いと考えられます。

すでに、高額な有料老人ホームの場合は、そのような金融機関や専門家たちとコラボレーションをした説明会や相談会を実施しています。たとえば、年金の運用についての相談、相続や不動産の運用についての相談や説明会、エンディングノートの書き方セミナーなどを企画して実施しています。一般的な高齢者であれば、これらは誰もが知りたい情報ではないでしょうか。

この他、高額な老人ホームでは、相続の対象となる資産の多い方の相談を受ける可能性が高い税理士や相続の際に必要となる書類を用意する司法書士などともコラボレーションをした説明会や相談会を実施しています。このような説明会や相談会のテーマは、高額な有料老人ホームを入居検討している方だけが知りたい情報でしょうか？　高齢者の方々が知りたい情報であれば、高い安いは関係なく企画して実施してみる価値があります。

私が実際に企画したものでは、弁護士の先生とコラボレーションをした遺産相続セミナーや遺言書作成セミナー、司法書士の先生とコラボレーションをした成年後見制度についてのセミナーなどがあります。

このような内容で、コラボレーションできる金融機関や専門家は、信託銀行やファイナンシャルプランナー、生命保険を扱う方などがあげられます。

また、コラボレーションをしたセミナーで集客するだけではなく、金融機関や専門家にダイレクトメッセージ（DM）などを使って営業をかける、直接訪問するなどでパイプを作る活動も効果が見込めます。弁護士会などは、弁護士会館にその地域の弁護士事務所ごとのポストがあるなど費用はかかりますが、直接的なアプローチも可能です。その際に、パンフレットや料金表、入居者の相談事例や入居事例、1日の生活スタイルがわかる資料などがあるとよいでしょう。

弁護士の先生や税理士の先生などとパイプができると、施設の入居者の家庭における問題などが発生して相談を受けた場合に、紹介することなども可能になるし、弁護士や税理士の先生の顧問先・相談者に介護が必要になったり、施設の入居を検討するようなことが出た場合は紹介していただける可能性も出てきます。そのように、お互いに利益が伴う関係になるとよいでしょう。

最近では、地方銀行の支店でも、遺言書の書き方セミナーや相続についてのセミナーなどを実施しているところもあるので、コラボレーションは持ちかけやすいでしょう。さらには、弁護士や税理士、司法書士なども、相続や遺言書をテーマとした営業活動をされている所も多くあります。

近隣エリアの中で、そのような専門家の事務所のホームページを確認するなどして、営業またはコラボレーションを持ちかけてみましょう。コラボレーションをもちかけるときには、施設の情報と簡単な企画内容をまとめた資料があると話は進めやすくなります。コラボレーションイベントの場所は、金融機関ではなく、施設に金融機関の方や専門家の方にお越しいただいて実施し、見学会や試食会なども同時に開催することをおすすめします。セミナーなどのイベントに来られた方には、施設の中を見学していただくことが望ましいでしょう。

このように「金融系」のアプローチも直接営業をかける以外に、コラボレーションでのイベントを企画するなど、多岐にわたる販促活動ができます。

4 ネットワークで「他施設」と協力関係を築く

介護業界には、「他施設とはまったく関わらないという施設」と「他施設とネットワークをつくる施設」があります。10年ほど前は、「他施設とはまったく関わらないという施設」が多かったように思いますが、今は「他施設とネットワークをつくる施設」が多いようです。10年ほど前は、異業種から介護業界にどんどん参入することが多く、お互いが手探り状態でした。しかも、お互いにかなりのライバル心を抱いているという関係です。他施設の料金体系やサービス内容を探り合う、販促施策を探り合うなどと「他施設とはまったく関わらないという施設」が多く見受けられましたが、しかし今では、介護保険の改定やスタッフの育成などの複雑な問題を一施設で抱えるのではなく、業界の共通の問題として、お互いに情報や意見を交換する施設が増えてきたように感じます。

その他、介護業界の特徴として、スタッフの離職率が高いことも関係しているようで、同じ職場で働いたことがあるスタッフが、いろいろな施設にいることで、顔見知り同士での情報交換などの交流が盛んになっているようです。

他の施設とネットワークをつくることがどうしてメリットなのか、またどうして入居促進に関係するのかというと、施設によって受け入れ可能な介護度や医療ニーズが異なります。病院などから紹介を受けたときにすぐに受け入れができるかどうかは、その施設の現在の状態によります。

そのため、受け入れができないという場合も必ずあります。相談者からすると、介護施設に入居ができないということはたいへん困ることです。「部屋が空くまで待っていてください」ということは、とても残念な断り文句です。

そこで、入居ができないときは、独自の介護施設ネットワークを使って他の施設を紹介します、という対応が最良の選択かもしれません。利用者のために、このようなネットワークを構築することが大切です。

他には、見学会や無料の試食会にだけ訪れる冷やかしの相談者もいます。クレーマーのような方などの情報も、施設同士で共有できると、スタッフの労力やストレスも少なくなるでしょう。また、他施設が満室の場合に自施設に紹介してもらえることもあります。

図24 介護事業者を中心とした勉強会

出所：「てっぺん会」懇親会（福岡県）

その他の例としては、施設の入居者が他の介護施設のデイサービスに通うこともできます。お互いにデイサービスに通わせることができれば、介護保険の減算も免れることができるでしょう。

あるエリアでは、ケアマネジャーたちの勉強会を、エリア内の有料老人ホームやサービス付き高齢者向け住宅、デイサービスなどを持ち回りで会場にして実施しています。お互いの施設を会場にすることで、見学に行く時間を省ける他、お互いの施設のことを、より深く理解できるというメリットもあります。

また、エリアでは介護事業者の経営者や現場スタッフ、薬局や給食業者などの介護施設を取り巻く他の事業者などが定期的に集まる会合を継続して開催しているところもあります。難しい勉強会ではなく、食事やお酒を交えた楽しい会合なのですが、ゆっくりと他の施設で働く同業者と話す機会などがあまりないため、より介護サービスをよくするためには何をするべきか等の少し堅い話にもなることもあります。しかし、このような集まりが新しい介護のサービスを生み出したり、地域を包括した医療介護連携サービスを考えるような貴重な時間にもなっています。（図24）

このように、住宅型有料老人ホームやサービス付き高齢者向け住宅などが、お互いに連携し合うことや、居宅介護支援事業所、デイサービス、訪問介護事業所、クリニックや薬局などといった介護医療事業所との連携づくりは、地域包括体制視点からも必要なネットワークと言えるでしょう。積極的に交流を深めていただきたいと考えます。

5 「地域」におけるファンづくり

ある施設の周辺に、たくさんの看板がありました。「介護施設建設反対」「介護施設絶対反対！」といった看板です。なぜ、このような看板が立つのでしょうか。それは、その土地が建設予定地に上がったときから、しっかりと地域住民へ向けた説明がなされなかったからです。その施設の周辺はベットタウンと言われる住宅地で、とても静かで住み心地のよさそうな街でした。介護施設は必要なものなのですが、必ずしも歓迎されるものではないということが、この看板からよくわかりました。

なぜ歓迎されないかというと、認知症や介護への理解のなさや偏見といった面もありますが、もっと実感的な理由です。介護施設の周辺に住んでいる方であればよくわかりますが、夜間の救急車の騒音問題、朝夕方におけるデイサービスの送迎車の往来などと、これまでの近隣住民の生活にはなかったものが身近になってくるからです。建設業者との連携で、しっかりとした説明会の準備などができると、少しはこのような事態は免れたのかもしれませんが、地域住民に歓迎されない場合は、入居促進においてもとても困ります。

では、地域におけるファンづくりをどのようにするべきかを考えてみましょう。ある施設では、施設の夏祭りを近隣の住民に開放し、盛り上がりを見せています。しかし、以前は夏祭りに多くの方々が参加することで、道路の渋滞やゴミの散乱など問題も発生したという事例があります。ただ派手にイベントをやればよいというものではなく、このような問題も発生してしまうのです。

この夏祭りで近隣住民より苦情を受けた施設では、スタッフが地域のみなさんと顔を合わせた際には挨拶をしっかりとすること、朝と夕方には周辺の清掃活動すること、送迎車をきれいに清掃することなど、地域の住民に迷惑をかけないことと地域に溶け込むことを日々の決まり事としました。

このような活動が自然と認められるようになり、施設の夏祭りの出店や周辺の警備なども地域住民の方々から協力をしていただけるようになりました。他の施設では、町内の夏祭りの事前準備にスタッフが協力すること、協賛金を出すことや駐車場を夏祭りの会場として開放することなどで、地域に貢献し、理解を高めることに成功しています。

その他には、町内会の会合の場所、民生委員の会議の場所に施設を提供するなどといった活動をしている施設があります。防災訓練にも積極的に参加したり、子供たちの緊急避難所に登録をしたり、いろいろな面で地域に貢献することで介護施設も認められるようになり、この施設にならお世話になってもよいと言っていただけるような関係になると、実際に近隣住民の方々がデイサービスを利用したり、入居を検討されるなど、販促活動にもプラスになります。

介護施設をつくるには、ある程度の土地、敷地が必要なります。そのため、開かれた場所ではなく、少し山手だったり、不便な場所に作ることもありますが、その近隣の方々も不便な場所に住んでいるため、老人ホームなどで入居者を対象にした生活雑貨の販売や外部からの販売イベントなどを行なう場合、近隣住民の方々にも参加を促したりサービスを提供することで、喜ばれるといったケースもあります。

地域に貢献することで、施設の理解を深めるだけでなく、利用者や入居者の確保にもつながると考えます。そこでのキーマンは、町内会会長や敬老会の会長です。施設のあるエリアの特徴にもよりますが、住民同士の付き合いが盛んな場合は、オープン時からこれらのキーマンを押さえる必要があります。

必ずしも喜ばれ、ウエルカムな状態から介護施設ができるといったことばかりではなく、少なからず反対する人はいます。地域の方の理解を最優先に、説明会や開設記念式典などでも来賓として呼ぶなど、特別待遇をすることで関係も構築できます。そして、絶対に町内会費は払うように努めましょう。

その他、地域の高齢者のみなさんが、どのような場所に集まっているのかを探してみてください。古くからある喫茶店に集まっていませんか？　なじみの美容室に集まっていませんか？　あるいは、集会場に集まっていませんか？　など、集まるポイントを探すのです。そこに積極的に出向いて、地域に必要とされるための活動を探していくとよいでしょう。美容室であれば、入居者や利用者のカットをお願いすることができませんか？　どうせお金を使うのであれば、地域の事業者を利用するという選択肢を探すのです。定期的に購入する生花を地元の花屋さんから買う、スタッフの制服のクリーニングも、地元のクリーニング屋さんを使う、人がたくさん集まるときに近くの飲食店に出前を頼むなど、地域に必要とされる方法はいくらでもあります。こちらから出向くかどうか、が大切なのです。1人でも味方につけることができれば、そこから情報を拾うことができるでしょうし、キーマンを紹介していただけることも容易でしょう。地域の方々を味方につけるということは、コストや労力を少なく、販促活動につなげる手段でもあるのです。

6 やってはいけない「飛び込み営業」、やるべき「飛び込み営業」

介護業界で、入居者を募集する営業を任されたスタッフは、それまで現場で介護サービスを提供していた方というがほとんどです。そのため、どうやって営業するべきか、どんな営業をするべきかで悩んでしまうことが多くあります。

その1つに、「飛び込み営業ってどうやってやるの?」という疑問です。一般的な民間企業の営業であれば、飛び込み営業やテレホンアポイントなど必ず通る道で、体で覚えるような指導を受けた人も多いのではないでしょうか。しかし、そのような指導すら受けていない介護スタッフの方々が営業するのはたいへんなことです。

そこで、介護スタッフのみなさんが失敗しがちな飛び込み営業は、とりあえず訪問するということです。前章でもお伝えしましたが、営業先の方々はとても忙しいというのが前提です。忙しい時間に、自分の話を聞いてほしいと言われるのはイヤですよね。それも、急に訪問されるとなおさらです。しかし、飛び込み営業とはそういうものなのです。施設長や入居促進の担当になった方ががむしゃらに訪問営業をしたとしても、訪問先の相手と実のある話ができることはあまりありません。みなさんも、そのような経験をしたことがありませんか？　飛び込み営業で一番大事なことは、相手が喜ぶ情報を提供してあげるということです。自分の言いたいことや営業トークをしゃべり続けるのではなく、相手にとって有益なものをお土産として置いてくるというのが、やるべき飛び込み営業です。

では、どのような情報が喜ばれるのでしょうか。私が支援している施設には、4つの種類のツールをつくるように指導しています。（次ページ図25）

まず1つ目は、近隣エリアの有料老人ホーム一覧です。この一覧をケアマネジャーに渡すと喜ばれます。一覧には、施設名・住所・電話番号の他に、部屋数や訪問する際に目印となるポイント、得意な介護サービス等をまとめて掲載します。新しい施設ができた際には更新します。

2つ目は業界情報です。新聞や専門雑誌に掲載された、介護業界や高齢者の暮らしに関わるような情報をまとめて掲載してお渡しできるツールです。ニュースなどで知っているような情報でも、改めてまとめてあるととても役に立ちます。

図25　営業ツール

◆ 介護サポート体制について
『グッドタイムホーム 15・昇開橋』では、介護や生活サポートが必要な方の状態に合わせて、介護保険を利用し、デイサービスや訪問介護サービス、保険外での施設内サービスを利用しながら生活できます。
介護保険とは？
生活に関する身の回りのお手伝いはもちろん、毎日の体調管理もするので安心です。
掃除
洗濯
入浴介助
お出かけ
カルチャー
リハビリ
訪問サービス
介護認定について
介護保険認定までの流れ
まずは相談…
私たちへご相談ください。
市町村窓口へ申請
訪問調査
介護支援専門員による訪問調査
介護認定審査会
認定
◆ 様々なコンシェルジュサービス
・来訪者などの受付代行
・タクシーの手配
・新幹線、航空券などのチケット予約代行
・宅配便・郵便などの受け取り代行
・クリーニング受け取り代行
・電話の取次ぎサービス　など
介護専用居室もあり、施設内には24時間スタッフがいるので安心してお過ごしください。

デイサービスや訪問介護サービスを上手に利用することで、楽しみを見つけて、安心して生活をおくることができます。介護保険の上手な使い方は私たちにご相談ください。

◆ 夜間・緊急時について
24時間365日スタッフが常駐しています。
もしもの時にはお部屋のベッドサイドとトレイにあるケアコールを押すことで、
すぐにスタッフが対応。
介護が必要な方も安心して暮らせます。
緊急コール
安否確認
入居者
対応
訪問介護
24時間対応
受付スタッフ
緊急連絡
近況報告
病院・クリニック
ご家族・身元引受人
緊急時にはスタッフが状況に応じて訪問介護事業所や提携医療機関と連絡して対応いたします。
提携医療機関／
小柳記念病院
福田病院

3つ目には、自施設の最新空室情報です。ただ単に、空室の数を掲載するのではなく、受け入れ可能な介護や医療のニーズについても触れておく必要があります。それは、対象となるような相談者が現われた際に役立ちます。

4つ目は、施設だよりです。このツールは、必須の営業ツールです。くわしい情報は後にまとめてお伝えしますが、入居時のサービス体制なども記事としてしっかりと掲載することで、より理解が深まるツールになるでしょう。（次ページ図26）

ここまで、訪問先に対してお土産となるようなツールを準備しておけば、飛び込み営業も苦労せずにこなすことができます。たとえ、相手が忙しくて話す時間がなかったとしても、ツールをお土産に置いておき、後日しっかりと電話などでフォローすることができれば、十分な営業活動と言えるでしょう。

ただ、がむしゃらに訪問するのではなく、しっかりとした準備をして計画を立てた飛び込み営業をしましょう。さらに、効率を上げる飛び込み営業をするには、訪問先リストを作り込む必要があります。訪問先をＡＢＣランクなどで振り分けて、最重要訪問先がＡ、重要先がＢ、通常の訪問先がＣといったように、３段階ほどで分けて毎月訪問する、２ヶ月に一度訪問する、３ヶ月に１度訪問するなど階層を設定しておけば、効率のよい営業ができるでしょう。

図26　施設だよりイメージ

パインガーデン通信

創刊号 vol.1
2016年1·2月号

かたちもさまざま、
食べ方もいろいろ。
でも誰もが日本の味を
喜ぶときがある。

スタッフ一人ひとりの熱い思いで、
ご入居者の毎日を支えています。

パインガーデンへの入居に関するご相談・お試し宿泊体験も随時承ります。

充実の介護設備で介護を必要とする方も、
末長くお住まいいただける安心の住まい。

藤崎

64,200円～

月額合計 137,200円～

グリーングラス

ながい木

092-847-1518

70,000円～

室見

てふてふ

自立の方から要支援・要介護の方まで、
色々な笑顔が集う快適な住まい。

092-847-1515

MMライフサポート株式会社

毎日いろどりカレンダー

1月 JANUARY

2月 FEBRUARY

体調管理の難しい寒い季節は、
体を内から温める食事を。

今までの生活スタイルや、
経験を生かした暮らし方を。

交通死亡事故よりも被害が多い、
「ヒートショック」にはご注意を。

チャイムの音と日直の挨拶で始まる、
"おとなの学校"は今日も賑やかです。

出所：サービス付き高齢者向け住宅　パインガーデン室見・藤崎　施設だより

営業が苦手だからと言って、飛び込み営業をやりたくないということはネガティブな考えでおすすめできませんが、マンパワーの少ない施設や優先すべき事柄が多い場合は、そこまで積極的に飛び込み営業をしなくてもよいでしょう。何かしらのついでだったり、週に2時間だけなどと限定をしたスケジュールを立てて、飛び込み営業をすることを考えてみましょう。前章で説明した歩留まり計算式を使って、紹介してもらう件数目標をもとに飛び込み営業の計画を組み立てます。

7 「電話応対」の仕組みづくり―受付シート―

介護施設で相談を受ける際の入口としては、電話が多いでしょう。そのため、電話応対がよくないと、せっかく問い合わせをしていても、検討する施設からからはずされる可能性があります。有料老人ホームやサービス付き高齢者向け住宅の入居相談担当は施設長や生活相談員というケースが多く、他のスタッフは現場業務だけを任されている施設がほとんどなのです。

入居相談担当が不在にしている場合などに相談の電話があった際、「担当が不在にしていますので、折り返しご連絡します」などといった当たり障りのない応対をしてしまいがちです。これは決して悪い応対ではないのですが、この応対だと、他の施設がよい応対している場合などには、優先順位を下げられて検討されることになります。介護施設へ電話をされる方の多くは、心理的な不安を抱えているため、自身の不安や悩み、今の状態をよく聞いてほしい状態と予想されるからです。

そのため、何も聞かないという応対は不安が残りストレスを感じるのです。私の見てきた中で、介護施設は縦割りの体制で、担当者しか応対しないという組織になりがちなことや情報共有が得意ではないという体質がよく見受けられました。これは、介護施設での営業活動がうまくいかない要因の多くを占めていることだと感じます。他に、介護記録はしっかりと残すのですが、電話応対記録はなかなか残さないという施設も多くあります。そこで、私が提案して導入していただいているのは、電話応対の仕組みづくりと受付シートというツールの制作です。では、電話応対の仕組みづくりとは、どういうことでしょうか。(図27)

電話がかかってきた際、しっかりと施設名と担当者名を言うこと、用件をうかがうこと、連絡先をうかがうこと、少しでも不安を取り除いてあげること、施設内で情報共有をしっかりとするという規則を作ることです。一般企業に勤めた経験がある方であれば、電話が鳴った際にすばやく受話器を取り、しっかりとした応対をするという教育を受けますが、介護業界でしか経験がないスタッフは、このような教育を受けない場合が多いようです。

図27 電話応対仕組み図

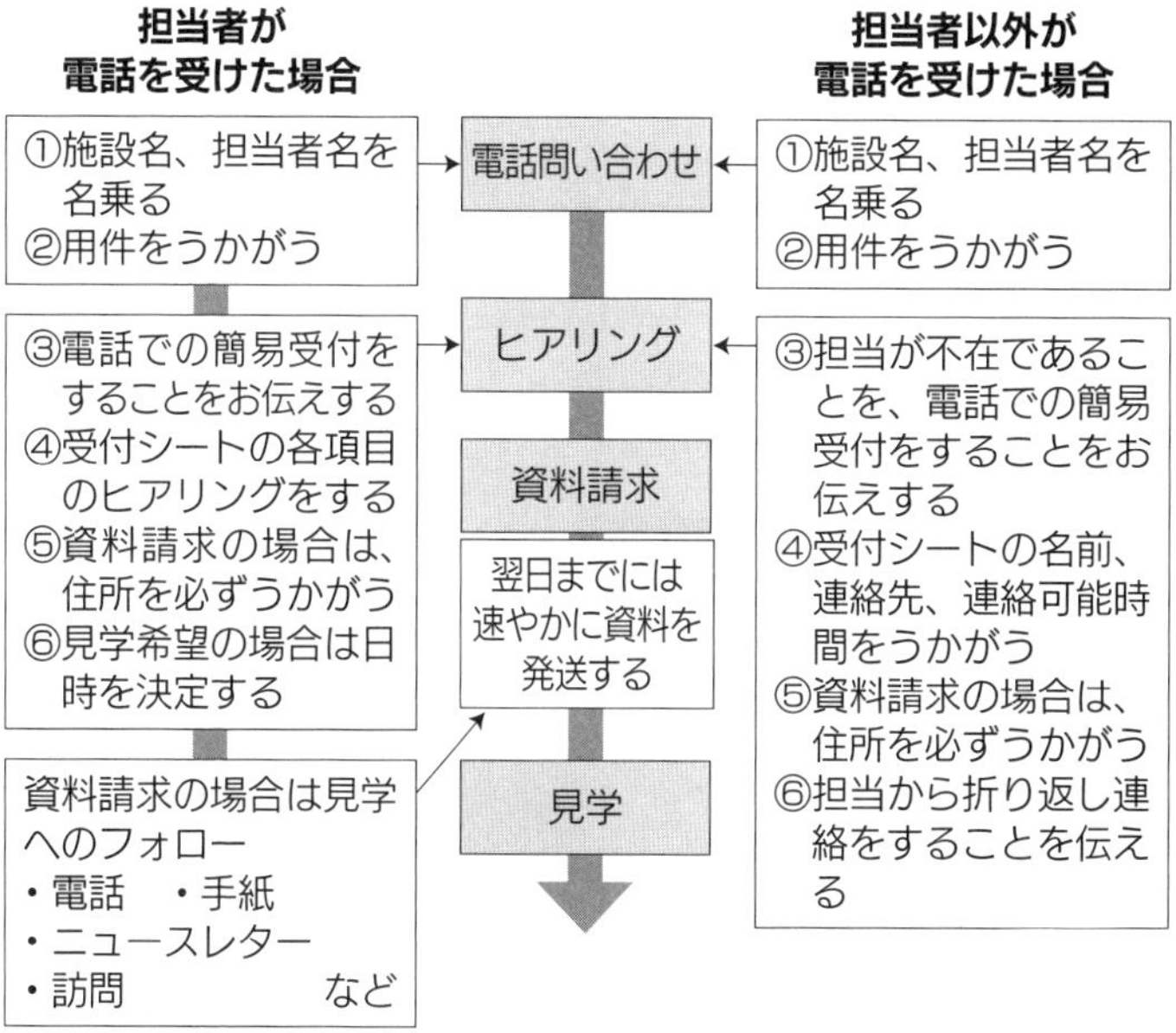

担当者が電話を受けた場合		担当者以外が電話を受けた場合
①施設名、担当者名を名乗る ②用件をうかがう	→ 電話問い合わせ ←	①施設名、担当者名を名乗る ②用件をうかがう
③電話での簡易受付をすることをお伝えする ④受付シートの各項目のヒアリングをする ⑤資料請求の場合は、住所を必ずうかがう ⑥見学希望の場合は日時を決定する	→ ヒアリング ← 資料請求 翌日までには速やかに資料を発送する	③担当が不在であることを、電話での簡易受付をすることをお伝えする ④受付シートの名前、連絡先、連絡可能時間をうかがう ⑤資料請求の場合は、住所を必ずうかがう ⑥担当から折り返し連絡をすることを伝える
資料請求の場合は見学へのフォロー ・電話 ・手紙 ・ニュースレター ・訪問 など	見学	

そのため、電話応対の仕組みをマニュアルとして作って、スタッフ全員で共有することが、不安のない応対をするために必要なことです。1度、独自のマニュアル制作を考えてみましょう。マニュアルさえあれば、どのスタッフも安心して受話器をとることができるようになります。次に、電話を受けた際に聞いておきたいことを、聞く順番ごとに並べた受付シートの制作をしましょう。(図28)

次ページ例のように、受付シートは上から受付をした日時、担当者名の記入スペース。

図28　受付シート

入居相談　受付シート

●基本情報について

問い合わせ日時	年　月　日　時頃	問い合わせ可能日時	年　月　日　時頃	希望曜日（　　） 希望時間（　　）	
問い合わせ内容	入居希望　・　体験入居希望　・　見学希望　・　資料請求			知ったきっかけ	
問合せ者　氏名		入居者との関係		入居希望者　氏名 性別・年齢	（　男性　・　女性　　才）
連絡先住所				電話	(固定)　-　- (携帯)　-　-
見学希望日時	年　月　日　時頃	送迎	必要　・　不要	食事	必要　（　　）名　・　不要

●お体の状態について

要介護度		ケアマネジャー	事業所名（　　）	担当者名（　　） 連絡先電話（　　）			
かかりつけ医				かかりつけ医			
車椅子		在宅酸素		たん吸引		気管切開	
ペースメーカー		鼻腔経管		ALS		がん末期	
尿バルーン		胃ろう		ストーマ		IVH	
人工透析		インスリン		肝炎		HIV	
結核		MRSA		その他感染症			
その他難病							
アレルギー							
備考							

次に相談者（電話をかけてきた方）の氏名・連絡先（住所・電話番号）と入居検討されている方の氏名・性別・年齢・介護認定の内容を記入するスペースを設けます。

次に、具体的な健康状態や必要な介護・医療ニーズについて書き込むスペース。現在の担当ケアマネジャーについての情報、通院している病院、利用している介護サービスなどを書き込むスペースを作ります。

さらに、資料請求の申し込みをされるのか、見学を希望されるのかをヒヤリングして書き込むスペースをつくります。申し込みをされたきっかけについても、ヒアリングしておきましょう。

たとえば、病院からの紹介・ケアマネジャーからの紹介なのか、看板を見て電話をしてきたのかや、ホームページを見て電話をしてきたのか、などです。最後に、折り返しの電話をするために電話に出やすい時間帯もヒアリングしておくことも大切です。このような受付シートを制作しておくと、シート内容を埋めるために相談者からヒヤリングするだけなので、何も考えずに電話を取るよりも簡単で、漏れのないやりとりが可能になります。どなたでも電話に出られる、そしてしっかりとした応対ができる、担当者に確実に情報が伝わる、そのような組織になれば、相談者からの施設を見る目も変わるでしょう。

8 「資料請求」の仕組みづくり―スピード&フォロー―

電話応対の仕組みづくりと同時に考えておかなければならないのは、資料請求における仕組みづくりです。通常、資料請求はホームページや電話での問い合わせを入口とした対応が主でしょう。

資料請求の問い合わせがあった場合は、当日もしくは翌日には、資料を発送することが理想です。そのため、電話応対と同じく、相談担当者が不在の場合でも資料請求の受付ができ、発送まで準備ができることが望まれます。

一般の企業などの場合として、通販会社の仕組みを参考に考えてみましょう。通販会社にはコールセンターがあり、そこがすべての対応の窓口となりますが、問い合わせと同時に、個人情報・顧客情報は入力されてデータ化されます。顧客管理のシステムを導入しているからこそできるものも多いのですが、小さな介護事業者でも、早急な資料送付の対応はできるはずです。誰が電話を受けても、誰が応対しても、資料請求にまで対応ができる仕組みづくりができると、入居検討者も安心するでしょう。

ホームページからの資料請求の場合、ホームページの管理サーバーに問い合わせ状況を確認しにいくことやメールで資料請求の通知が届くという手段で、問い合わせを把握することができます。

しかし、ホームページという便利なツールなのですが、資料請求のメールを見落としてしまう施設も多くあります。「問い合わせはあったのですが、気づいたら2週間は過ぎていました…」などということも少なくなく、その場合は大きなチャンスを逃していると言えるでしょう。もったいないことです。

さらにもったいないことと言えば、資料請求の対応を早急にしても、資料を送りっぱなしの事業者がいるということです。資料はすべて揃えて送ったとしても、きちんと届いているかどうかの確認、見た後の反応を探る必要があります。しかも、問い合わせがあったときは、施設入居に関しての熱もある時期です。資料請求のアフターフォローが必要です。

再度、通販会社のことを思い出してみましょう。通販会社は、資料請求や試供品請求を行なった数日後にフォローの電話やお手紙を発送するという仕組みをつくっています。みなさんも、フォローをされた経験があるのではないでしょうか。通販会社だけでなく、衣料品店やデンタルクリニック、整体院などもフォローする仕組みを取り入れている事業者もあります。「以前、治療した虫歯の箇所はその後いかがですか？」「腰痛はいかがですか？」「近いうちにセールがありますよ」などといった、利用者目線でのフォローをしっかりとしています。

では、有料老人ホームやサービス付き高齢者向け住宅における資料請求後のアフターフォローはどのようなことをすればよいのでしょうか。資料請求の次は、見学に訪れていただくことが通常です。ですので、見学に訪れやすくなるような情報をもってフォローをするとよいでしょう。

整理をすると、資料請求の送付が終わった後、4日目には手元に届いた資料に目を通している可能性は高いのです。ですので、4日後ぐらいに、「資料は届きましたか?」「資料でわからないことなどありませんでしたか?」「よろしければ見学に来られませんか?」といったフォローの電話をすることをおすすめします。お元気になった方の場合だと、すぐに見学に行くという流れになりやすいのですが、介護が必要な方の場合は、見学についてくる家族との日程調整があるため、すぐに見学というわけにいきません。資料を送った4日後に1度、電話を入れておいて、さらにその1週間後には見学誘導するといった感覚で対応すると、あまりしつこさも感じさせずに好意的なまま対応していただけるでしょう。

それでも、まだ見学に来られないという場合には、夏祭りなどの施設のイベントをからめて、見学に来ていただくような誘導をしてください。人にもよりますが、個人だけで行くと、どうしても入居しなければならない雰囲気になるのではないか、と不安がられる方がい

料金受取人払郵便

神田局
承認
6162

差出有効期間
令和４年11月
19日まで

郵便はがき

101-8796

511

(受取人)
東京都千代田区
神田神保町1－41

同文舘出版株式会社
愛読者係行

毎度ご愛読をいただき厚く御礼申し上げます。お客様より収集させていただいた個人情報は、出版企画の参考にさせていただきます。厳重に管理し、お客様の承諾を得た範囲を超えて使用いたしません。メールにて新刊案内ご希望の方は、Eメールをご記入のうえ、「メール配信希望」の「有」に○印を付けて下さい。

図書目録希望	有	無	メール配信希望	有	無

フリガナ お名前		性　別 男・女	年　齢 才
ご住所	〒 TEL　　（　　）　　Eメール		
ご職業	1.会社員　2.団体職員　3.公務員　4.自営　5.自由業　6.教師　7.学生 8.主婦　9.その他（　　　）		
勤務先分類	1.建設　2.製造　3.小売　4.銀行・各種金融　5.証券　6.保険　7.不動産　8.運輸・倉庫 9.情報・通信　10.サービス　11.官公庁　12.農林水産　13.その他（　　　）		
職　種	1.労務　2.人事　3.庶務　4.秘書　5.経理　6.調査　7.企画　8.技術 9.生産管理　10.製造　11.宣伝　12.営業販売　13.その他（　　　）		

愛読者カード

書名

◆　お買上げいただいた日　　　　年　　　月　　　日頃
◆　お買上げいただいた書店名　（　　　　　　　　　　）
◆　よく読まれる新聞・雑誌　（　　　　　　　　　　）
◆　本書をなにでお知りになりましたか。

1．新聞・雑誌の広告・書評で　（紙・誌名　　　　　　）
2．書店で見て　3．会社・学校のテキスト　4．人のすすめで
5．図書目録を見て　6．その他（　　　　　　　　）

◆　本書に対するご意見

◆　ご感想

●内容　良い　普通　不満　その他（　　　　）
●価格　安い　普通　高い　その他（　　　　）
●装丁　良い　普通　悪い　その他（　　　　）

◆　どんなテーマの出版をご希望ですか

<書籍のご注文について>
直接小社にご注文の方はお電話にてお申し込みください。宅急便の代金着払いにて発送いたします。1回のお買い上げ金額が税込2,500円未満の場合は送料は税込500円、税込2,500円以上の場合は送料無料。送料のほかに1回のご注文につき300円の代引手数料がかかります。商品到着時に宅配業者へお支払いください。

同文舘出版　営業部　TEL：03－3294－1801

図29　資料請求とアフターフォロー

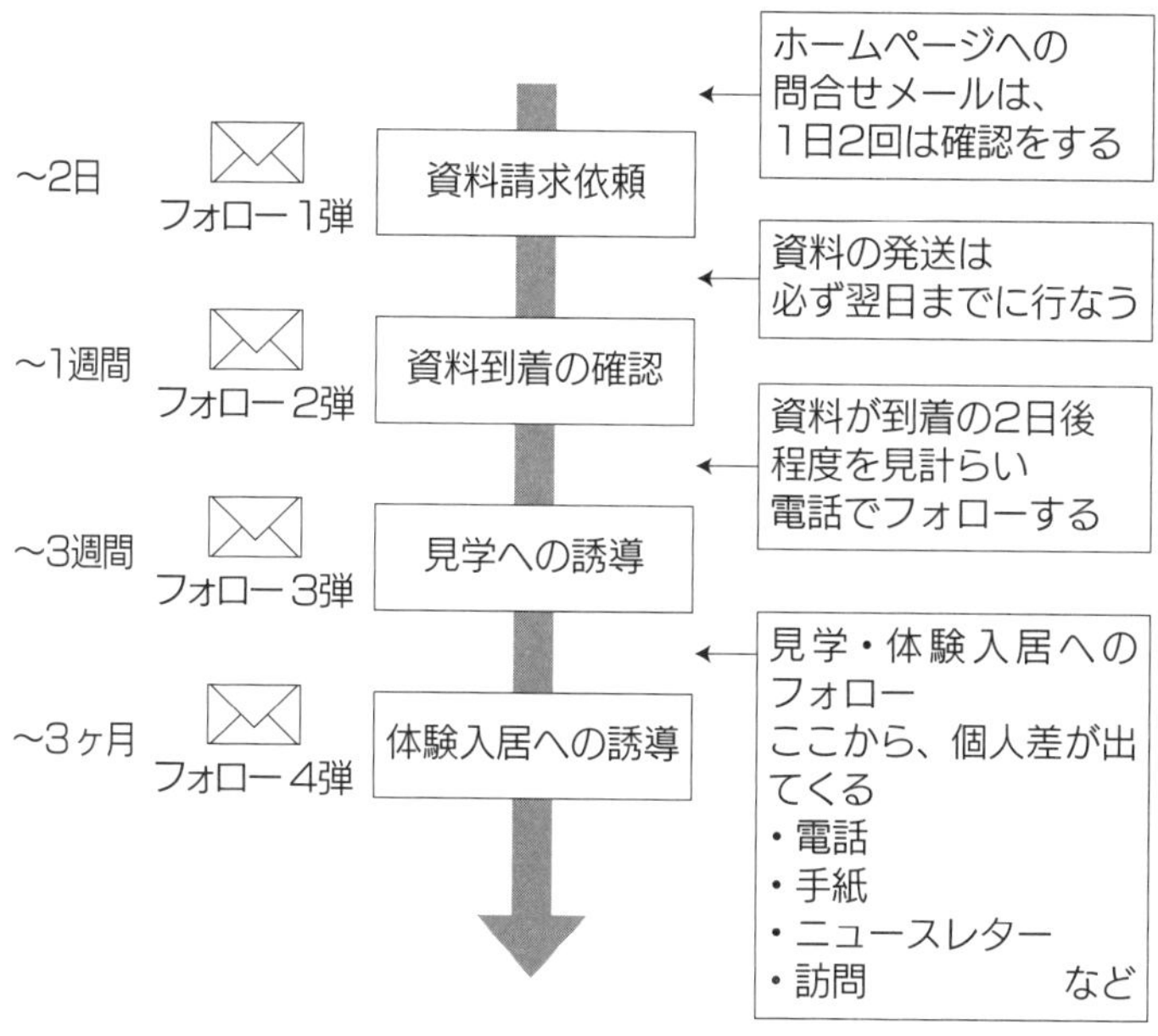

るため、大勢の人々が集うイベントへの誘導を積極的にすることをおすすめします。（図29）

例に出しているような資料請求とアシタフォローの仕組みを図式化して、スタッフ間で共有しておくことができるとよいでしょう。

5章

「販促活動」に必要なツールの整備

1 わかりやすい「パンフレット」の構成

営業ツールとして、必ず必要なのはパンフレットです。まずは、そのパンフレットのサイズですが、利用する方法によってサイズや仕様を考えるとよいでしょう。パンフレットのサイズは大きく2分されますが、A4サイズで仕上がるパンフレットか、A4サイズの巻き3つ折りという形のパンフレットです。（図30）

A4サイズで仕上がるパンフレットの場合は、パンフレットラックに陳列した際に他の施設のものと見劣りしない表紙デザインのパンフレットが作れます。A4サイズの巻き3つ折りという形のパンフレットは持ち回りに適し、デスク上に設置する場合には便利です。

パンフレットの構成は、高齢者住宅を選ぶ際の4大ファクター「価格」「立地」「サービス」「人」の項目を盛り込みます。

まず表紙ですが、施設名がしっかりと伝わるようにデザインしましょう。私が作る場合は、施設名の上に、○○市○○などとエリア名を付け加えます。その理由は、パンフレットを陳列したときに、そのターゲットエリアの方が手に取りやすくするためです。エリア名を付け加えることでどこにあるかがわかり、4大ファクターの「立地」について訴求すること

図30　パンフレットの仕様例

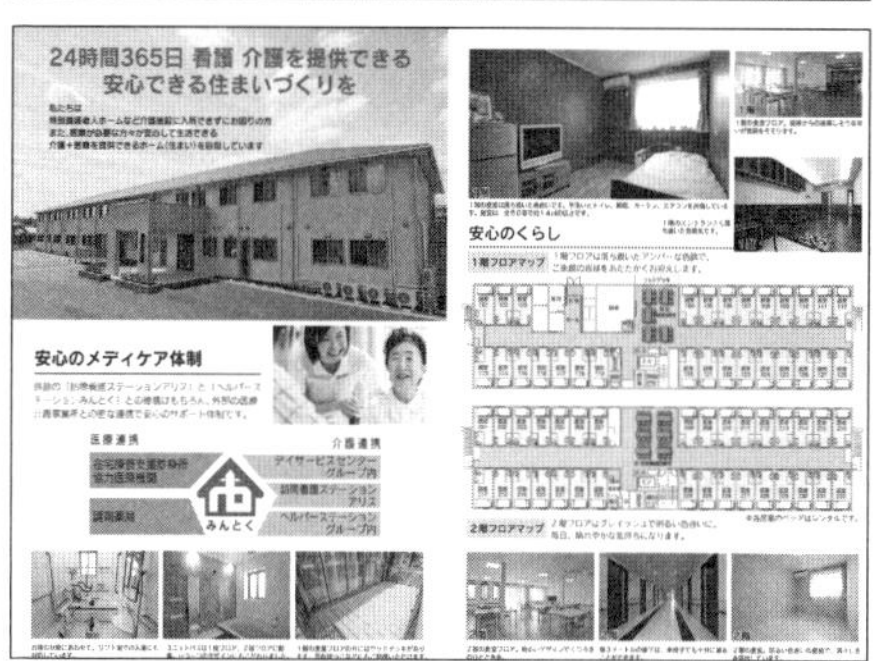

出所：住宅型有料老人ホームみんとく

ができます。表紙のビジュアルに特徴的なイメージがない場合は、施設の外観写真を使用するとよいでしょう。

裏表紙にはアクセスを入れることが多くあります。アクセスは住所と地図だけでなく、高速道路のインターからの時間や交通手段ごとの所要時間を記載します。その他には、ホームページのＵＲＬなども掲載します。重要なのは、広告の表示規制がある施設概要の掲載も裏表紙にします。

中面では、施設のコンセプトや事業主の介護にかける想い、介護サービス・医療連携・生活サービスなどの特徴をわかりやすくデザインします。ここで、他施設と違う独自のサービスであることをしっかりと伝えましょう。サービスの内容を伝えたり、スタッフや入居者などの表情がわかる写真を掲載することで、より施設の雰囲気が伝わるでしょう。しかし、スタッフや入居者の顔写真を使う場合、スタッフは退職することもあるし、入居者が退去することもあるので少しリスクを伴いますが、掲載における同意書をしっかりと結ぶことでリスクも軽減できます。（図31）

そこで、施設の特徴がわかるパンフレットを作ることが望まれます。さらに、独自の特徴がわかりやすくなるような独自サービスのネーミングを考えることや、しっかりと情報収集をして、地域ナンバーワンや地域唯一といったポイントを見つけて掲載しましょう。

また、前章でも説明した通り、気をつけたい表現としては、「アットホームな施設です」や「笑顔があふれる施設です」といった、どこの施設にでも当てはまるような表現は避けてください。どうしても伝えたい場合は、改めて文章にしなくても、写真で家庭的な雰囲気を表現することをおすすめします。

その他、施設のフロアマップや居室の間取り例などを掲載したり、料金シミュレーション

図31 同意書見本

肖像権等使用同意書

株式会社○○○○
有料老人ホーム○○○○
代表取締役 ○○○○殿

私は以下の通り同意いたします。

―記―

●私は、有料老人ホーム○○○○の行事イベントの紹介や施設の紹介における用途に限り、私の写真・映像・作品などが施設の発行する施設だより、ホームページ、ブログなどにおいて無償で使用されることに同意いたします。

●私は、私本人または、第三者から、上記の使用についてクレームなどの異議申し立てをしないことを保証いたします。

●私が有料老人ホーム○○○○を退去した場合、上記写真・映像・作品及び記事の削除に通常必要とされる期間が経過するまでは、上記の使用の継続について同意いたします。

●記事において、実名が使用されないことも承知いたします。

以上

令和　　年　　月　　日

住所

ご入居者さま氏名　　　　印

ご家族さま氏名　　　　印

図32　巻き3つ折りパンフレット例

出所：住宅型有料老人ホームセカンドライフさくら

なども掲載する場合もあります。しかし、パンフレットには、あまり変更のない情報を優先的に掲載するべきなので、金額などの変更の可能性がある場合は、別紙にして差し込む等の対応がよいでしょう。

Ａ４の巻き３つ折りパンフレットの場合も、掲載する内容はほぼ同じですが、レイアウトする場所が少し異なります。右のレイアウト例をご参照ください。（図32）

2 バラマキ用「チラシ」のすすめ

パンフレットの制作は、ある程度の費用がかかるため、１部当たりの単価を考えると、いろいろなところに設置や配布することに抵抗感が出てきます。しかも、ＤＭやポスティング等をしたいと考えたときにもコストがかかるため、なかなか実行できません。

しかし、コストを考えすぎて営業チャンス逃すということは、さらなるマイナスを生んでいく可能性があります。ある程度のコストを押さえた営業活動は必要です。そのためには、バラマキ用のチラシを作ることをおすすめします。今ではインターネット経由で、プリント・印刷ができて低コストで作ることができるので、バラマキ用のチラシを持っておきましょう。

私が支援した有料老人ホームは、入居一時金の平均が4000万円以上の高級な有料老人ホームだったのですが、バラマキ用のチラシを新聞折り込みに活用し、近隣に1万部折込み1件の契約が取れました。費用としては、制作費と折り込み料金を合わせて6万円程度の費用ですが、4000万円の契約を結ぶという、かなり費用対効果の高い販促活動となりました。

バラマキ用のチラシのレイアウトは、A4サイズの表と裏で、表面にイメージを、裏面に詳細を乗せるというざっくりとしたつくり方です。表面には、快適な生活や安心の介護医療が伝わるようなイメージを盛り込むため、居室の写真や入居者のイメージ写真などを大きくレイアウトします、裏面には料金シミレーション、介護・医療サービス体制の細かい情報を掲載します。デザインパターンとして、表面を手紙風のデザインにし、ターゲットへ訴えかけるような内容にします。裏面に入居者の声などを盛り込むことで、読んだ方に共感していただき、感情移入しやすいようなつくりもよいでしょう。大事なのはデザインや内容だけでなく、問い合わせの入口を作ってあげることです。

たとえば、介護相談会の案内や試食付き見学会の案内や期間限定のイベントへの誘導などです。前章で説明していた金融系のコラボレーションイベントなども、このツールで募集するとよいでしょう。いきなり入居契約の話をすると、ハードルが高くなるため、いろいろな

図33　イベント集客チラシ例

イベントや施策を企画することで、問い合わせの数を獲得しやすくなります。チラシを見た方が次に何をしたほうがよいのか、何をするべきなのか、またしたくなるのかを考えたデザインレイアウトにしましょう。バラマキ用チラシは、このようなイベントの集客に効果が見込めるツールです。（図33）

3 万能ツール「施設だより」のすすめ

パンフレットもすでに作っている、チラシも作っているが、いまいち効果がなかった、などといった施設の方々を救ってきた万能のツールが「施設だより」です。施設だよりは、一般の企業でいうところのニュースレターに当たります。

しかし、一般の企業とは違い、介護業界の施設だよりは物販をしているわけではないし、来客数を増やす目的ではないので、記事内容が大幅に異なります。記事の多くを占めるのがイベントや行事ごとのレポートです。「先月はひな祭りイベントがありました」や「ボランティアでジャズバンドの方々が来てコンサートを開きました」などといった、行事ごとの報告です。4大ファクターで紹介した中にサービスで選ばれるという内容がありますが、この施設だよりこそが、サービス内容をしっかりと伝えることができる営業ツールなのです。

たとえば、スタッフ紹介というコーナーがあれば、スタッフの人柄を介して、施設のサービスの特徴や雰囲気を伝えることができます。また、診療で訪問してくれる医師を紹介するコーナーがあれば、医療連携のことも伝えることができます。その他に、感染症予防対策の勉強会を開いたことなどを紹介すれば、施設が取り組んでいる安心の裏付け情報も伝えることができます。日常の中で、施設が取り組んでいることをきちんと記事にして、施設の独自性を定期的に読者へ伝えるという万能のツールなのです。

また、定期的に制作し発行することで、入居検討者やケアマネジャー、ソーシャルワーカーといったキーパーソンの方々に定期的にアプローチができます。定期的に発行するメリットとしては1度お渡しした方にも、新しい施設だよりを渡すことができるため、継続したフォローのためのツールとしても活躍します。これは、営業活動が苦手な介護スタッフの大きな武器となります。営業担当や施設長が直接配らなくてもDMで送ることもできるし、一般スタッフが、新聞を配るように届けることもできます。配る際にお話しすることといえば、施設だよりの内容だけなので、施設に関わるスタッフであれば、どなたでも話ができるでしょう。

また、営業ツールという目的だけでなく、入居者やその家族に配るツールとしても活躍します。（図34）

施設だよりの使用はA3サイズでもいいし、A4サイズでもいいでしょう。あまり大き過ぎては、継続して制作・情報発信ができないかもしれないという不安がある方は、A4サイズで始めてもいいでしょう。施設だよりのネーミングはとても大事ですが、私がおすすめするのは、説明を覚えてもらえるように、施設名を入れ込んだ単純なネーミングです。

図34　施設だよりレイアウト例

ほっこり、ゆったり、ありがとう♪

ケアポートかわらばん

「母の日」イベントには、専門学校の生徒さんにメイクやエステを施してもらいました。

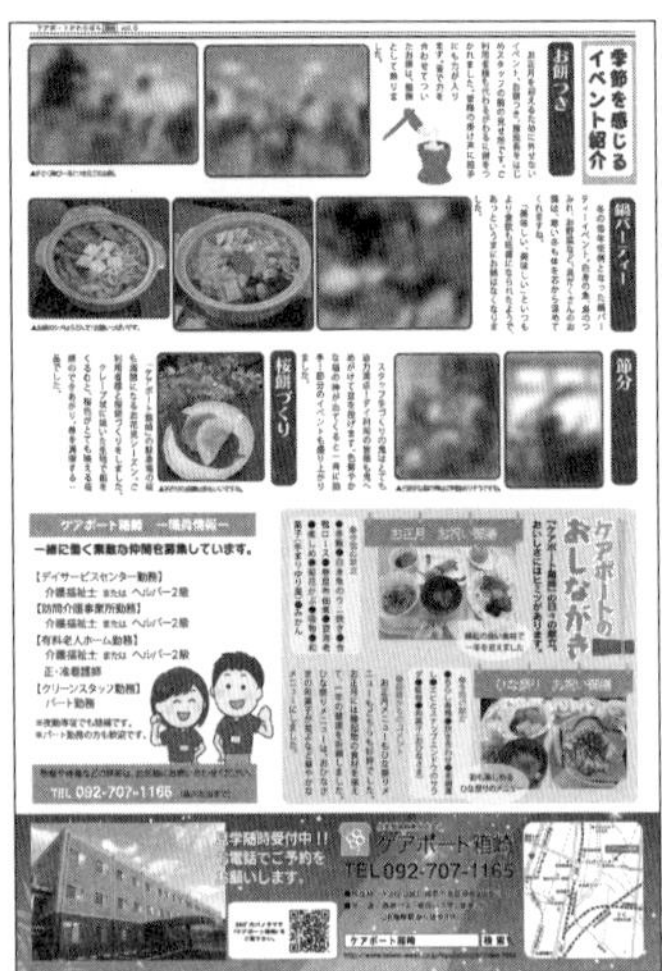

季節を感じるイベント紹介

お餅つき

鍋パーティー

節分

桜餅づくり

ケアポート箱崎　一職員情報一

一緒に働く素敵な仲間を募集しています。

ケアポートのおしながき

ケアポート箱崎

TEL 092-707-1165

出所：住宅型有料老人ホームケアポート箱崎　施設だより

凝りすぎたネーミングだと、肝心な施設のことを想起してもらえず、意味がないからです。A4サイズの場合、コーナーは4つぐらいで、A3サイズの場合のコーナーは6つぐらいです。コーナーは自由に作ってかまいませんが、施設のことがわかるようなコーナーや、施設にいるスタッフや入居者の人となりが伝わるようなコーナー、その他地域のことがわかるようなコーナーが作りやすいですし、より理解が深まる内容になります。施設だよりを制作することで大事なのは、継続して発行するということです。継続して発行するということが信頼や安心につながるので、始めた場合はやめずに継続して発行し続けましょう。

有料老人ホームやサービス付き高齢者向け住宅、デイサービスなどでは催し物が多いので、コーナーのネタに困ることはあまりありませんから、毎月発行することも可能ですが、製作する労力などを考えて、2ヶ月に1回、最低でも3カ月に1回は発行するようにしてください。

「施設だよりのコーナーコンテンツ案」をご紹介します。

- 季節のイベント紹介
- デイサービスの日常紹介
- スタッフ紹介
- スタッフおすすめのお店
- 入居者の相談事例
- 入居者のリハビリ奮闘記
- 入居者の家族の話
- 季節の健康情報
- 自分でできるストレッチ
- 健康になるための食事の話（レシピ）

・施設長からの挨拶　・翌月のイベントカレンダー　・医療連携情報
・近隣のおでかけスポット　など

4 その他の営業ツール

(ア)「サンキューレター」「季節の手紙」で心理的フォロー

有料老人ホームやサービス付き高齢者向け住宅を検討されている本人や家族は、とても不安な思いをしています。介護が必要になると終わりのないもの、これからどうなるかわからないといった、今までにない不安が押し寄せます。そのため、誰かに話を聞いてもらいたいし、誰かに心配されるととても心が安らぎます。

一般企業の営業セミナーなどに参加しても、よく「サンキューレター」を出しましょう、「お礼状でお客さんの心をつかみましょう」といった話をよく聞きますが、この介護業界でも同じことが言えます。もしかすると、一般企業よりもお客さんの心に響くツールかもしれません。

考え得るサンキューレターは、見学にお越しいただいた後のサンキューレター、体験入居をしていただいた後のサンキューレターなどです。

同時に、体の状態を気にしていることを伝えるためには、「季節の手紙」も有効に活用できます。年賀状、暑中見舞い、寒中見舞い、クリスマスカードなど、季節ごとに手紙を出すと、定期的に施設のことを想起していただけます。

はがきや便箋は市販のものでもよいのですが、少しだけオリジナリティーを出すために施設名のロゴマークを印字したり、ゴム印を作ってスタンプを押したりするなどしてみましょう。オリジナルの便箋をワードやパワーポイントでデザインして、必要な分だけプリントをする方法は、いろいろな方面で活用できるのでおすすめです。

そして、このサンキューレターや季節の手紙を郵送した後には、必ずフォローの連絡を入れましょう。「葉書を送りましたが届きましたか？」だけでもいいので電話をかけてあげると、思わぬ悩みを打ち明けられるなど、検討されている方との心理的距離がグンと近くなります。（図35）

しかし、年賀状はデリケートなツールです。年に1度しか送らない場合は、その1年間で何か状況が変わっている可能性もあります。『あけましておめでとうございます』という言葉が使えない状況かもしれません。その場合は、「新年のご挨拶」という内容で昨年の御礼と感謝の気持ちを伝えて、現状を心配している内容が伝わる文章を掲載しましょう。

一方的なメッセージを伝えるだけのツールにならないように心掛け、常に入居検討者やそ

図35　施設オリジナル　レターフォーマット

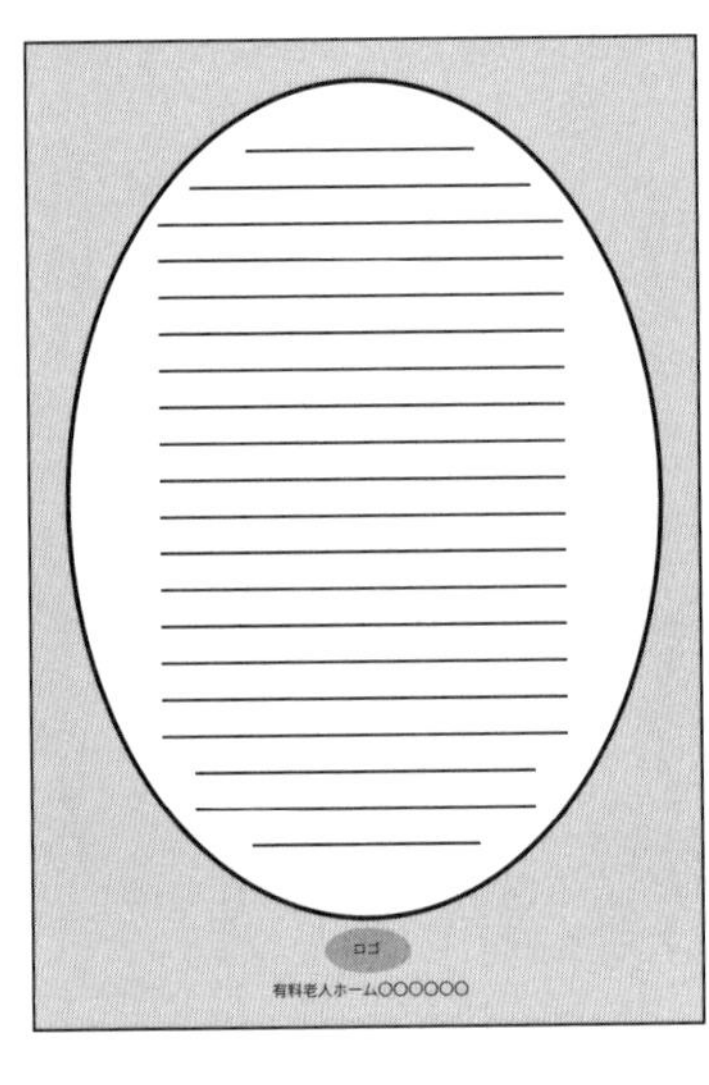

の家族の気持ちに寄り添った内容を伝えるようにしてください。

(イ)　広告出稿する場合の媒体選びと掲載内容のコツ

「何の媒体に広告を出すと、一番反応がありますか？」とよく聞かれます。一貫してお伝えていますが、有料老人ホームやサービス付き高齢者向け住宅というような介護業界の商品は、よく売れる時期やよく問い合わせがある時期といった、いわゆる繁忙期はありません。お1人おひとりのやむを得ない都合によって、老人ホームなどの入居を検討せざるを得ないというのが消費者の背景です。なので、そのタイミングを狙った効果的な広告などは存在しないのです。

有料老人ホームを紹介する雑誌などがあれば、検討している方が目にするので、効果的なように思われますが、専門誌には専門誌のデメリットもあります。それは、ライバル施設も一緒に掲載しているということと、本を買って施設を探す余裕のある方は、これは時間的に余裕のある方と考えていただきたいのですが、入居まで時間のかかる方ということです。そのため、すぐに効果の出る広告とも言いづらいでしょう。

それでは、どのような広告媒体に出稿をするべきでしょうか。まずは、エリアが絞れてコストパフォーマンスが高いものという観点で考えてみましょう。さらに、ターゲットとなる入居検討者のニーズやタイミングが絞りにくいということもあり、掲載期間の長いものということもポイントのひとつにあげられます。

そのような観点で考えると、地域自治体の広告媒体があげられます。その中でも、地域の広報誌への出稿をおすすめします。各自治体には、〝広報○○〟といった自治体の広報誌がありますが、掲載料金も安いだけでなく、エリア内の世帯に必ず配られる媒体です。読者層は、ある程度年配の方が多いため、ターゲットに届きやすく、広告の無駄打ちが少ないと考えられます。政令指定都市以外の地域では、隣町同士の広告出稿が、セット販売などで安く提供されている場合もあります。人気の自治体では、広告出稿が半年待ちというところもあ

図36　福岡市市政だより広告枠

情報BOX

福岡市政だより

広告

左右240㎜×天地75㎜

出所：福岡市市政だより　媒体資料

ります。募集期間などもあるので、各自治体のホームページを参照してみてください。（図36）

さらに、他に考えられる自治体の広告媒体といえば、役所内のポスターやテレビモニターの動画広告や役所で配られる封筒への広告、ゴミ袋などの広告もあります。市町村のホームページの広告バナーも、募集期間が限られますが、安価で出稿しやすい媒体なので検討してみてはいかがでしょうか。自治体の広告媒体は、地域住民に届きやすいこと以外に、自治体に認められていると見ていただけるので信用度も上がります。（図37）

自治体でコミュニティバスが通って

図37　自治体ごみ袋広告枠

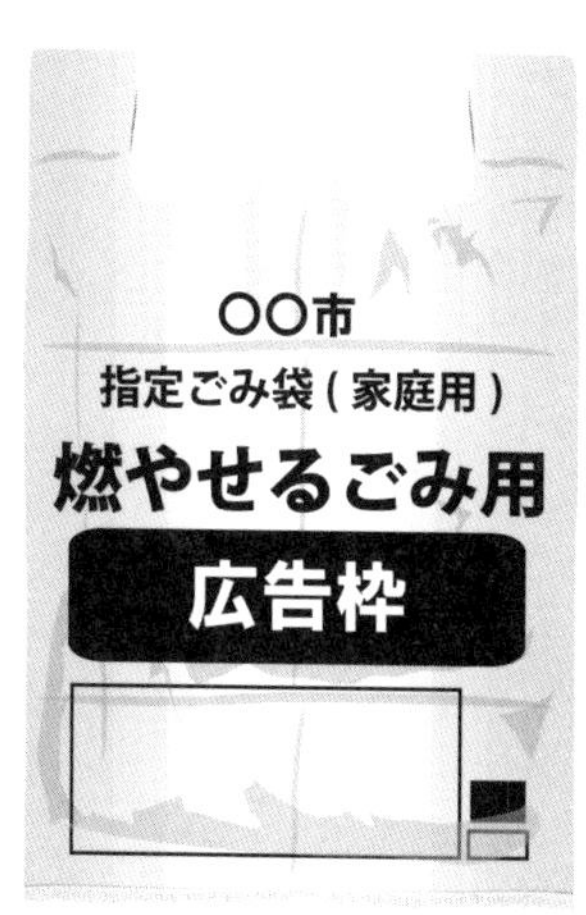

いる場合は、バス内の広告も検討してみてください。通常の交通広告媒体と比べて、かなり安く露出することができます。コミュニティバスを利用しているシニア層も多いので、ターゲットに届きやすいでしょう。（図38）

次に、新聞折り込みもイベントの集客と絡めて出稿してみてもよいでしょう。その場合は、ターゲットが住んでいそうなエリアに絞って複数回の広告出稿をやってみましょう。

新聞広告は、カラーの出稿を避けて小さいサイズでモノクロの広告で出稿することをおすすめしています。カラーのほうが目立つのですが、掲載した日にニーズが重なる確率を考える

図38　コミュニティバス内の広告枠イメージ

と、モノクロで複数回掲載したほうがよいと考えます。広告のサイズは、半2段の半分という広告サイズです。

㈦　認知強化のための「看板」「のぼり」「送迎車サイン」のすすめ

有料老人ホームやサービス付き高齢者向け住宅は飲食店と同じで、この場所にこのお店がありますよということを、周囲の方々に認知していただく必要があります。そのためには、サイン（看板）を検討すべきでしょう。オープン前の施設であれば、工事中の時から懸垂幕などで、施設名と施設類型などを記して、近隣住民に告知する必要があります。

また、「入居者募集中」や「スタッフ

図39　入居者募集のぼりイメージ

募集中」のような文言もしっかりとのぼりなどを使って告知し、周囲の人々への認知を高めていきましょう。今では、のぼりは比較的安価に手に入れることができます。インターネットを介しての発注などでも、数千円で作ることができます。ひとつではなく複数ののぼりを作り、施設のまわりに設置してみましょう。（図39）

施設の壁面には必ず看板をつけることや、ロードサイドなどで看板が出せる場合は告知を検討してみましょう。広告媒体の選び方でお伝えしたように介護施設の場合、広告出稿のタイミングとニーズのタイミングが、必ずしも合うとは限りません。看板の場合は、設置したエリア内の人々に継続して情報を伝えることができるので、適した媒体と言えるでしょう。さらに介護施設ができる場所は大通り沿いばかりではなく、どちらかというと、すこし奥まった場所に建てられるケースも多く見受けられます。その場合は、どこに施設があるのかが認識されにくいため、誘導看板としての役割も考えてください。

誘導看板として設置を検討する場合は、施設を中心としたマップを広げて、車の通りが多い場所から施設へ向けて、ポイントとなる箇所の周辺に看板の空き枠がないかどうかを現地で視察してみましょう。現地視察をしても看板が見つからない場合などは、広告代理店に相談すると見つかる可能性があります。地元の不動産業者が管理している場合もあります。とある施設では、あらゆるルートから施設所在地に向けて誘導できるように、上手に看板を設置しているところもあります。そして、看板デザインを統一することで、1度、2度と、見る回数が増えるたびに、それを見た方には刷り込まれていきます。これは、ひとつのブランディング効果とも言えるでしょう。

誘導看板として検討できるのが、電柱看板です。通常のロードサイドなどの看板は、設置時の料金と撤去時の料金が費用としてかかりますが、電柱看板の場合は設置のときの料金だけしかかからないものもあります。さらに、台風などの災害で看板が飛んでしまうなどのリスクは、電柱を管理している通信会社などが負担してくれるため、リスクは少ないと言える

図40　電柱広告掲載イメージ

図41　車体マグネットデザインイメージ

でしょう。（図40）

そして、介護事業者であれば、必ずと言っていいほど、送迎用の車両を所持しています。送迎用の車両には、両サイドの扉と後方のガラス面にも説明を掲載しましょう。最近では介護施設に通っていることを知られたくないという利用者もいるため、送迎時に説明を外せるようにマグネットで貼り付ける施設も増えました。電話番号も掲載するとよいでしょう。（図41）

(エ)　必須ツール「ホームページ」のポイント

有料老人ホームやサービス付き高齢者向け住宅においても、今やホームページがないと選ばれる候補にすらなりません。これは、デイサービスや訪問介護事業所等も同じです。ホームページは、業者に頼むと40～50万円はかかるでしょう。しか

図42 無料ホームページ制作サイト

無料でホームページが制作できるサイト（一例）	
Ameba Ownd	https://www.amebaownd.com
Jimdo	https://www.jimdo.com/jp/
WIX	https://ja.wix.com
Crayon	https://c-rayon.com

し、今では無料でホームページが作れるツールもあります。どうしても、ホームページの制作にお金をかけられないという理由があるのであれば、無理に有料で制作せず、無料のホームページ制作ツールにするだけでも、パンフレットや名刺にホームページがあることを掲載することができます。（図42）

有料で制作する場合と、無料で制作する場合とでは、大きく何が違うかというと、初期費用が安くなるということと、ランニングコストも安くなるということです。無料なので、費用はかからないというメリットがあるのですが、その分、独自のドメインを取得していないことやSEO対策などが取れないことで、インターネットの検索エンジンで検索をした場合、ほとんど上位表示されないホームページになってしまいます。有料の場合は、ある程度上位表示されやすいホームページを作ることができます。しかし、無料で作ったホームページでも、後に有料版に切り替えるなどで、独自のドメインを取得したり、SEO対策ができるようになるツールもあります。ホームページに力を入れるタイミングで費用をかけることも可能です。

では、ホームページにはどのような情報を載せるべきでしょうか。パンフレットの説明でもお伝えしたように、４大ファクター「価格」「立地」「サービス」「人」の観点からコンテンツを考えていきましょう。価格表、アクセスは掲載できますね。サービスに関しては、施設が提供するサービスと外部の介護事業者が提供するサービスとを混同されないように内容を掲載する必要があります。あくまでも、介護保険を使ったサービスを外部の介護事業者が行なう場合は、その旨もしっかり書くことと特定の介護事業者の利用を求めるものではなく、利用者の意向によって介護事業者を選ぶことができるという旨も掲載することが必要です。また、医療連携も同じです。住宅型有料老人ホームやサービス付き高齢者向け住宅は、住宅・住居というくくりなので、提供するサービスの紹介に関しては少しデリケートにしたほうがよいかと思います。

また、新着情報を伝えるページも用意しましょう。なぜかというと、ホームページは利用者が見て、ためになる情報が載っているかどうかということと定期的に新しい情報が更新されているかということも、よいホームページの条件として求められているからです。新着情報を伝えるページでは、見学会の誘導やイベントの告知、ブログを載せるのであれば、ブログ更新の情報などをアップしていきます。

必ず入れていただきたいのは、問い合わせの入口です。電話応対の仕組みづくりで説明した受付シートのようなヒアリングがしやすいフォームを準備することや、簡単な記入だけで、資料請求ができるようなフォームなどを準備します。ホームページに来た後、次にとっていただきたい行動へと誘導できるように仕組みづくりを取り入れましょう。（図43）

例として上げている図は、サイトマップとよばれるものですが、いわゆるホームページの設計図です。必要と思われるページをどこに配置するか、という観点からサイトマップを作っていきます。ご自身で作るにしても業者に頼んで作るにしても、サイトマップを考えてホームページ制作に取りかかると必要なページ数が想定できるし、業者に頼む場合も費用も想定しやすくなります。まずは、自施設で必要となるページを考えて、サイトマップを作ってみましょう。

ある程度作ったホームページのSEO対策としては、グーグルサーチコンソートなどといったグーグルの検索エンジンに、ホームページの登録をする機能を使うことやグーグルマイビジネスなどに登録をして、ウェブページをリンクする方法などがあります。

インターネットで検索をするときに、ヤフーやグーグルでの検索をされると思います。グーグルだと、検索時にグーグルマップという地図が検索の上位に表示されますが、探しているカテゴリーに属しているお店や企業だと一緒に検索に上がります。たとえば、「福岡市

図43　ホームページのサイトマップ例

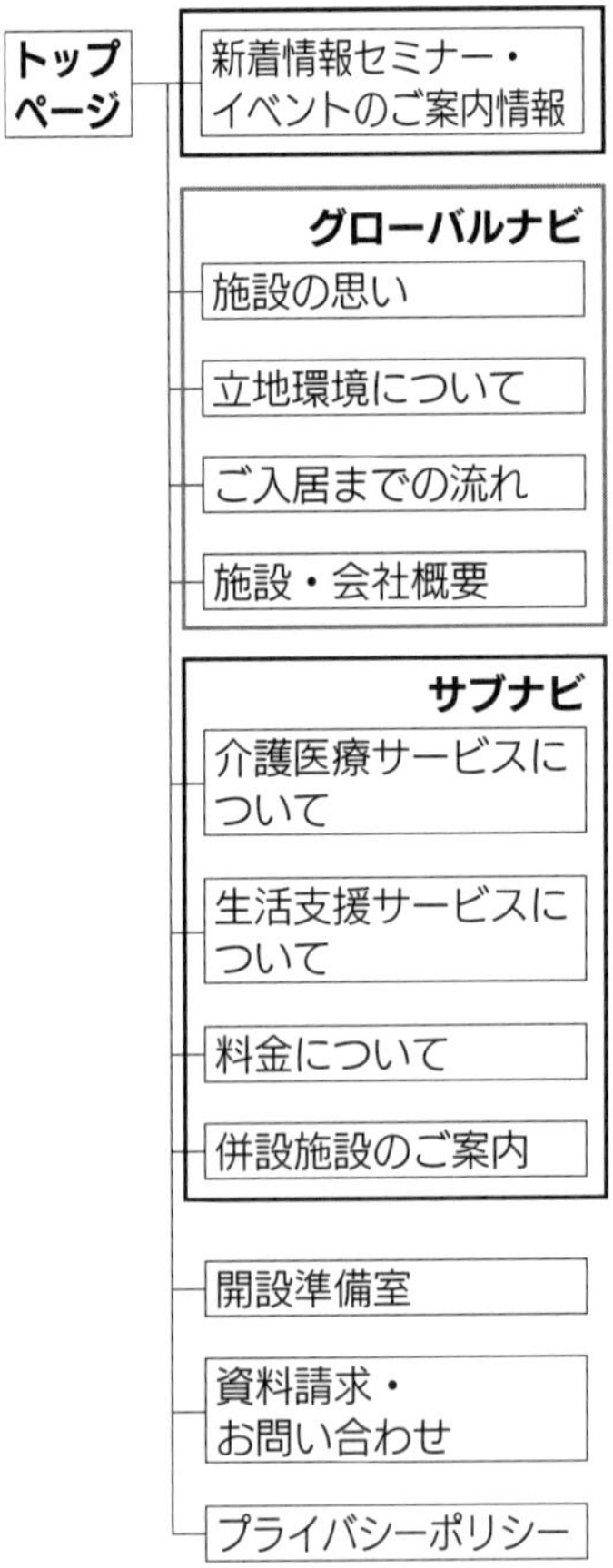

- トップページ
  - 新着情報セミナー・イベントのご案内情報
  - グローバルナビ
    - 施設の思い
    - 立地環境について
    - ご入居までの流れ
    - 施設・会社概要
  - サブナビ
    - 介護医療サービスについて
    - 生活支援サービスについて
    - 料金について
    - 併設施設のご案内
  - 開設準備室
  - 資料請求・お問い合わせ
  - プライバシーポリシー

図44　グーグルマップ掲載イメージ

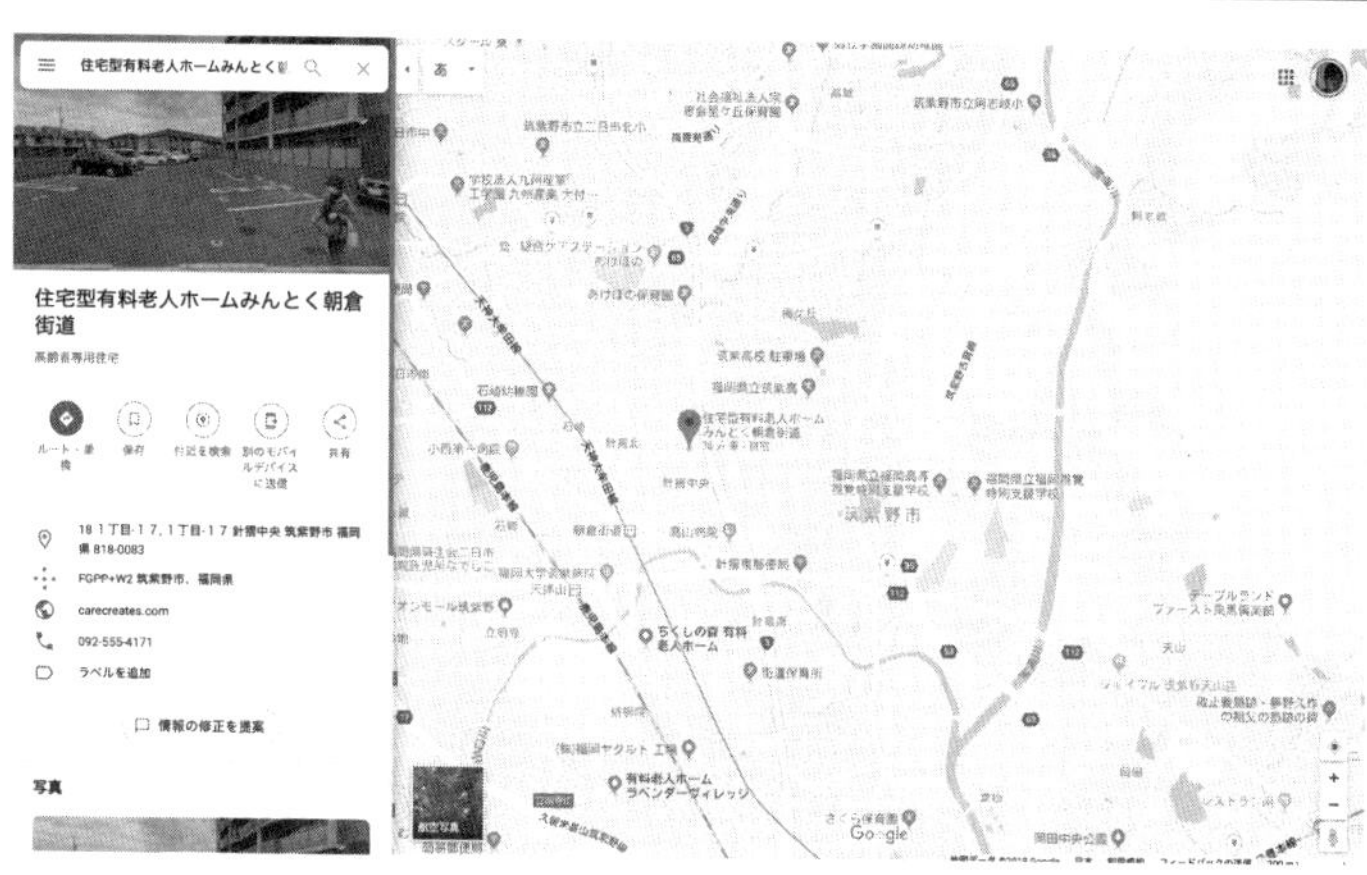

出所：GoogleMAP にて「住宅型有料老人ホームみんとく」を検索

博多区　老人ホーム」などのカテゴリーで検索をすると、地図上に登録してある施設が関連した情報の候補として上がります。逆に考えると、登録をしていない施設は検索にも引っかからないのです。これは、無料で登録できることなので、まずはグーグルマイビジネスの登録をしましょう。

登録のポイントは、①施設名と類型を入れる、②施設紹介ができる情報項目をしっかりと記入する、③入居要件や受け入れ可能な条件や内容を詳細に記入、④写真や投稿をこまめにアップする、⑤利用者やスタッフ、知人の協力でクチコミ情報をアップすることです。（図44）

㈯　流行りのブログやSNSでの情報発信

有料老人ホームや高齢者向け住宅は、事業者や介護スタッフが思っている以上に、一般消費者は閉鎖的なイメージでとらえています。施設として当然のことであるセキュリティー維持や管理体制が、どうしても昔の養老院のようなイメージでとらえ、入居者は精神疾患の方が多いような施設と勘違いをさせる要因でもあります。だからといって、セキュリティーを甘くして、外部の方々が出入りしやすい状況を作るべきかというと、そうではありません。施設を探している方からすると、施設についての知りたい情報をインターネットで検索することが多く、施設のホームページに行き着きます。そのためホームページは必須です。しかし、ホームページには基本的な施設概要だけを掲載することが多く、施設内のイベント実施情報やスタッフの研修実施情報などは見ることができません。そこで活躍するのが、ブログやSNSです。

ここで、有料老人ホームやサービス付き高齢者向け住宅が、飲食店や店舗のウェブ戦略とは少し異なり、気をつけなければならない点があります。それは、ウェブ閲覧者も高齢の方が多い可能性があるということです。今や、幅広い年齢の方がウェブサイト検索で情報収集をする時代です。

そのため、検索結果を上位表示させることやいろいろな入口を作ることばかりに焦点を当

図45　無料ブログ制作サイト

無料でホームページが制作できるサイト（一例）	
Ameba ブログ	https://www.ameba.jp/
ライブドアブログ	https://blog.livedoor.com
FC2 ブログ	https://blog.fc2.com
はてなブログ	https://hatenablog.com
goo ブログ	https://blog.goo.ne.jp

ててしまい、多くのサイトに施設情報があると、検索結果でそれらのサイトが多数出てきてしまいます。それが、混乱を招いてしまうことも否めません。ブログの場合、ホームページ内にブログページを設置しておくと、そこからスムーズに閲覧してもらいやすくなるでしょう。しかし、ホームページ内にブログを書く機能がない場合は、機能追加で費用がかかってしまう、ブログを途中で更新しなくなった場合には、ホームページ自体が過疎化して見えるなどのリスクがあります。

ブログを始めるのであれば、更新し続けることが基本ですが、有料老人ホームやサービス付き高齢者向け住宅のほとんどで、担当者1名で更新することがあり、その場合、担当者の離職や忙しさを理由に、更新が滞るということもあるでしょう。そこで、簡単に始めることができる無料のブログで、まずは始めることを優先させるのもいいですね。（図45）

そして、ブログで更新が滞ってしまう場合の理由としてあげられるのは、更新頻度とその内容です。有料老人ホームや高齢者向け住宅のブログ運営は、飲食店や一般企業がやるような集客のための装置ではありません。また、アフィリエイトなどで広告収入をめざすようなブログ運営でもありません。あくまでも、探している人に施設のよさを伝えるツールとして、気軽に運営することが長続きさせるためのコツでしょう。日記のようになってもいいのですが、老人ホームを探している人のために、有益になるようなことを記事の内容に入れ込んでください。できれば、毎回同じ内容で偏ってしまわないようにしましょう。頻度としては、週に1度くらいの更新を目指してください。写真の扱いは、プライバシーが確保できる範囲での取り扱いをしましょう。

ブログ記事の例：①イベントの実施報告……どんなイベントがいつ開催されているのか、スタッフの工夫しているポイント、入居者の声、家族の声など

②スタッフ教育について……季節ごとの感染症予防についての実施状況などは、タイムリーで興味を持たれやすい内容です。

③スタッフの施設設備の紹介……入居者の利用方法や声、スタッフの工夫ポイントなど。

④見学者、問い合わせ者の声……相談事例や感想などを定期的に記事にしましょう。

ブログだけでも大丈夫なのですが、ブログを更新していることをSNSなどにもアップすると、よりブログを閲覧してくれるファン層を獲得することができます。SNSは、できればフェイスブック、ツイッターのアカウントを開設してください。アカウントには、施設

名、地名、類型、説明文に入居要件、受け入れ可能な内容などを入れましょう、そうすることで、インターネットの検索で表示される確率が上がります。

㈮ 家族向けに活躍するビジネス用LINEでの情報を発信

次に、入居を検討している家族向けに、施設用のビジネス用LINEアカウントの開設をおすすめしています。LINEの利用者は年々増えており、2020年3月末のデータでは日本国内のユーザーは8600万人を超えています。

しかも、利用されている方の年齢層の幅も広く、入居検討者のご家族であれば利用されている確率は高いため、コミュニケーションツールとして活躍します。

家族が比較的若い方の場合は、仕事や家庭の事情で日中に連絡がつきにくいことが多くあり、そのためLINEでの連絡がとれると喜ばれることがあります。施設用のアカウントは、特に新しい入居検討者を呼び込むツールではなく、1度問い合わせをされた方、さらにはすでに見学に来られた方が対象です。これまでに、手紙や施設だよりでのフォローを紹介していましたが、すぐに伝えたほうがよいこと、たとえば空室の状況であったり、見学会や試食会の案内などが有効です。施設だよりの発行をLINEで事前告知を行なったり、ブログの更新告知を行なうことも有効でしょう。LINEでは、一斉メールと1対1の個別メール（チャット）の使い分けができます。そのため、個別メールではご家族や入居検討者を気遣うようなメールなども有効でしょう。

ビジネス用のＬＩＮＥは、有料プランでも無料でも活用できます。フォロワー数が１００名〜３００名程度あれば、無料で利用し続けることができるので、フォローツールとしては活用しやすいでしょう。アカウントも複数作ることができるので、入居検討者のご家族向けだけでなく、地域住民の方々へ介護予防の情報や、自宅でできるホームケアの情報などを発信するメルマガのようなアカウントとして入居検討者のフォローをしてもよいでしょう。

㈭ 余裕があればやってみたい「ノベルティ」

有料老人ホームやサービス付き高齢者向け住宅を検討し始めてから、入居を決めるまでが、早い方で1週間以内、長い方で4年以上かかるという方もいらっしゃいます。その方の必要度合によって、入居を決められるスピードが変わりますが、すぐに必要としていない方に関しては、非常に長い時間検討するということも考えられるのです。

また、金融系のアプローチで説明をしましたが、コラボレーションイベントなどに参加される方の中には、まだまだ老人ホームには入らないけれども、情報収集をしているという方も少なくはありません。そのような方に対しては、長い期間フォローをする必要がありますが、定期的なイベント開催の案内、施設だよりを発行する場合はＤＭでのフォローなどでアプローチをかけます。しかし、しだいに営業におけるヒエラルキーは下げられていくでしょう。その間も、ずっと施設のことを想起してもらうためにも、ノベルティを渡しておくことも必要です。

私が、これまでに実際に企画したノベルティで評判がよかったものは、冷蔵庫にはりつけることができるマグネットクリップです。マグネットクリップには、施設名と電話番号を印字してノベルティとして配ったのですが、保管していただける確率が高いことと、実用性もあるということでした。それ以外には、湿度計や時計といった、自分ではなかなか買わないが、もらうと捨てられないので、しかたなく使うようなグッズです。あとは、資料一式を入れて使っていただけるクリアファイルも重宝されました。クリアファイルは、マグネットなどに比べて大量に作れば作るほど単価が安くなるため、かなりの量を使用していただきました。数年間、パンフレットや料金シミュレーション表などを保管していただけるので実用的です。

少し費用がかけられる場合は、爪切りなども保管されやすく捨てられにくいノベルティとして活躍します。逆に、あまり喜ばれなかったものが多機能ペンです。インクがうまく出ないものや、壊れやすいもの、インク切れになると捨てられるものなどもあり、あまり喜ばれませんでした。防災グッズも、あまり安過ぎると使われずに捨てられることが多くて喜ばれません。懐中電灯も、光が弱かったり実用されにくいものは避けたほうがよいでしょう。

かなり昔から使われていますが、ポケットティッシュなどは実用性もあり喜ばれます。最近だと、ウェットティッシュをノベルティとして配ることも増えました。どちらも使い勝手がよくてもらっていただけるのですが、使用してしまうと保管されないので、効果が期待できる期間としては短いと言えるでしょう。

オープン時期や、1周年記念や5周年記念などの記念行事に合わせたノベルティの制作も検討してみてください。銀行や士業の方とのコラボイベントなどのイベント企画時には何かしらおみやげを持って帰ってもらうと喜ばれるので、そのような際にもノベルティを企画することをおすすめします。

6章

「見学」で、すべてが決まる!!

1 スタッフ全員が「営業マン」〜出迎え・見送り〜

多くの高齢者施設を見学をしてきた中で、とても驚かされた施設があります。そこは、デイサービスだったのですが、利用者が帰宅する際に、スタッフがエントランスの外に整列し、盛大に見送りをする光景を目にしました。帰宅する利用者に、「さようならー」と元気よく声をかけ、両手を高く上げて振り続けるのです。それも、利用者が乗った送迎車が見えなくなるまでずっとです。小規模のデイサービスであれば、まだ理解できるのですが、利用者が200名近い大規模なデイサービスだったからです。これは、毎日行なわれます。

このデイサービスの管理者に、なぜそのような見送りをするのかを聞いてみました。「どなたも、最初はデイサービスなんて行きたいと思っていないはずなのです。少しでも、行ってよかった、また行きたいと思っていただけるようにしたいのです」と答えてくださいました。たしかに、誰でも要介護状態にはなりたくはないし、人や施設のお世話になるようなことは避けたいはずです。介護施設の事業者にとって、一番利用者の目線に立った言葉だったように感じました。しかも、見送るスタッフのみなさんは、どなたもやらされている感じがせず、心から見送り、すぐに来る再会を期待しているようにも見えました。

前章でも、エントランスホールに滝のある中庭をつくった有料老人ホームを紹介しました。そこの有料老人ホームのオーナーにも、同じようなことを聞いたことがあります。私が、「なぜ、わざわざお金をかけてまで滝を作ったりしたのですか？」と聞くと、「誰もが、自分の親を有料老人ホームなどに入れたいと思っていないでしょう？　だから、家族がうちみたいなホームに来たときや帰るときに、こんな立派な滝がある有料老人ホームに親を預けることができて本当によかった、と思っていただければ、その家族も少しは後ろめたさというものがなくなるのではないか、と考えています」という答えが返ってきました。

どちらの施設にも言えますが、利用者の思いを突き詰めて考え、それを形にできると、必ずプラスに働きます。また、それはそんなに労力のかかることではないと考えます。

介護の仕事はとても重労働で、時間にも追われながらスケジュールをこなしていくことが最大の目標となりがちだし、そうならないと仕事をこなすことができないという現状があります。

しかし、常に相手の気持ちや境遇を考えると、このようなことがあるかもしれません。本当によい施設のスタッフは、そのような利用者目線に沿った仕事をされているように見えます。

些細なことですが、施設にうかがった時に気持ちのよい挨拶をしてくれるスタッフがいるかでも、相手の気持ちを汲み取っているのかどうかがわかります。初めて会った私が、入居者や利用者の家族かもしれないのです。この些細な点に気づけるかどうかは、日頃から利用者やその家族の背景や心情を気づかっているかによって、変わってくると思います。

この施設に預けてよかったと心から思えるのは、スタッフが気持ちを理解してくれているからというのが一番大きく、有料老人ホームやサービス付き高齢者向け住宅を選ぶ方々が選んだ理由の上位には必ず、「スタッフの対応」があります。この「スタッフの対応」は当然、入居前の話であって、実際に介護サービスを受けていないし、体験入居以外で寝泊まりもしていません。見学しかしていない状態での選んだ理由です。なので、ここでいう対応は、介護サービスの対応ではなく、あいさつや電話の受け応えや何気ない会話の中での対応なのです。この日頃の対応が積み重なって、入居の決定材料になります。

この普段の対応は、出入りしている介護事業者や医療関係者、業者の方々も見ているので、気づかないうちに評判につながります。そのため、スタッフ1人ひとりの意識が少しでも高くないといけません。常に自分も施設の看板である、営業マンの1人であるという心構えを持っていただくことが入居促進につながります。

2 いつでも「清潔」「臭いゼロ」を目指す

みなさんが働いている施設には「臭い」はありますか? 「ない」と答える方が多いと思います。しかし、それは間違いかもしれません。介護施設で働いているうちに、「臭い」に慣れてしまって気づかないという方が多くいます。

しかし、初めて実習で介護施設に行ったときのことを思い出してください。施設独特の臭いを感じたことがあるのではないでしょうか。中に住んでいる入居者には気づかれない臭いなのですが、たまに来る家族は、高齢者施設の独特の臭いを感じているはずです。

外部からの訪問者は、臭いに敏感なのです。

あるデンタルクリニックの歯科医師から、この高齢者施設の独特の匂いは口腔ケアを徹底的にすると改善できると聞いたことがあります。実際に口腔ケアを行なって改善することがあるようですが、完全に消えるということはなかなか難しく、歯科医院との協力体制が必要になります。そのため、思うようには進みません。最近では、高齢者施設や病院などの入口に、香料を入れた機械(ディフューザー)を設置するようなサービスもあります。しかし、レンタル料などもかかるため、導入しづらいところもあります。そこで、私がおすすめした

図46　テーブルちり紙

いのは、アロマオイルを使った方法です。洗面器ほどの大きさの容器にぬるま湯を張って、アロマオイルを2、3滴たらしてタオルを浸します。軽く絞ってハンガーなどにかけて部屋につり下げれば、加湿もでき、なおかつよい香りがします。このアロマオイルは、介護アロマなどで注目され、ニオイによって睡眠導入や嚥下などにも効果のあるものもあるので、好きな香りを楽しみながら試してみましょう。

目に見えないニオイの対策をお伝えしましたが、もうひとつ大事なのは、清潔かどうかです。見た目でわかりますよね？

たとえば、窓ガラスです。みなさんがよく使う場所の窓ガラスはきれいにしていることが多いのですが、スタッフの控室の窓ガラスはきれいではなかったり、空き部屋の窓ガラスが汚れていたりというのはマイナスポイントです。施設によっては食堂がなく、各フロアのデイルームなどで食事をいただくことがあるかと思いますが、テーブルの上にティッシュペーパーが箱ごと置いてあったり、新聞紙やチラシなどで作ったチリ箱がありませんか？　利用者さんの食事の時間のことを考えるととても便利なのですが、外部からの訪問者（見学者など）が見たときには、あまりきれいとは言えません。（図46）

他には、リネンの保管スペースや物置き場なども整理整頓しておかなければ、扉を開けたままにしてしまった際には、訪問者に見られたくないような状態を見せることになります。バックヤードだからといって気を抜けません。

その他、洗濯物が室内干しで、さらに訪問者から見えるところに干されているようなこともあまり印象のよいものではありません。

常に、誰かに見られていることを意識し、清潔さを保つことが必要です。

3 低コストでモデルルーム・商談スペースづくりを

分譲マンションや戸建て住宅の購入を検討する際、モデルルームの見学をするはずです。

有料老人ホームやサービス付き高齢者向け住宅などでも、モデルルームをしっかりと作り込む施設もあります。私の知っている高級な老人ホームでは、椅子1脚が何十万円もするような高級な椅子を入れているところもあります。

しかし、なぜそこまでするのでしょうか?

それは、検討される方たちの生活レベルに合わせて可視化することで、より入居後の生活をリアルに想像できるようにするためです。しかし、オープン時には、かなり力を入れてモデルルームを作るところが多いのですが、1度部屋が埋まると、次に部屋が空いたときにモデルルームを作らないというところもあります。1番よいのは、お客様の部屋を実際に見てもらう程度でいいのですが、昨今では、プライバシーの問題もあり、なかなか見せていただくことをお願いすることすら難しくなりました。そこで、あまり気にかけないでモデルルームをつくる方法として2つご紹介します。

1つは、福祉用具のレンタル商品を使ってモデルルームをつくり込むという方法です。自社で、福祉用具をレンタルされる場合はやりやすいのですが、すべて外部から福祉用具をレンタルしている場合や、それを検討されている場合は、福祉用具のレンタル会社に1部屋をショールームのようにすることを提案し、サンプル商品を陳列していただくことを交渉してみてください。このやり方であれば、見学者だけでなく、入居者にも福祉用具の提案ができます。さらに、福祉用具のレンタル会社とコラボした福祉用具のお試し会などを企画し、施設の利用者だけでなく、ケアマネや地域住民の方への集客を図ることができます。

2つ目は、居室の床に養生テープやビニールテープなどでレイアウトをマークしていくやり方です。

このモデルルームの作り込みの目的は、限られた居室スペースに実際に家具配置すると、生活スペースがどのくらいなのかがわかるようにすることです。「18平米の部屋に、ベッドを配置するとすれば、左奥のスペースにこのくらいの場所を使う」というようなざっくりとした居室のレイアウトイメージが湧くようにします。家具を配置せずに、A3サイズの用紙にベッドや家具の写真をプリントし、イーゼルやハレパネなどを使って、部屋の使用イメージを展示すると、さらに居室の利用イメージが湧いて効果的です。（図47）

簡易的でもいいので、居室の利用が可能であれば、積極的にモデルルームの作り込みをしてみてください。

最近では、分譲マンションなど用に作られたダンボール家具などもあるので、調べてみましょう。少し安っぽく見えてしまいますが、自作で段ボールに家具や家電の写真を貼ったものを配置する場合もあります。

このあと紹介する見学ルートを作ることにもつながりますが、見学者との商談スペースを

図47　イーゼルイメージ

作り込みましょう。たいていの施設では、生活相談をする相談室が商談で使われていたり、応接間があるところでは、そこを商談に使うことがあるかと思います。それでも悪くはないのですが、契約書を交わす場合や事務的な話をする場合に限ってもいいかもしれません。私の提案している商談（談話）スペースは、ちょっと入居者が見える場所であったり、施設からの景色を眺めることができる場所です。

入居検討者の心理状況としては、入居申し込みをするにあたって、少し身構えていたり、緊張しています。それは、施設によっては、高額の料金が必要だったり、高額でなくても、家族に負担をかけるような費用が必要となるので身構えてしまうからです。さらに、老人ホームの契約をするということは、人生においてそう何度もあることではないので緊張もします。

そのため、応接間や相談室などの密室は、かえってリラックスできない場合がありそうです。契約書を交わす前に、緊張をほぐしていただくためにも、少し座って話をする時間が必要です。たとえば、食堂で話をするなどでもよいでしょう。その際に、施設のことを説明できる営業ツールだったり、施設の雰囲気がわかるように、日々の生活の1コマやイベント時の楽しい雰囲気を感じることができる写真アルバムなどを用意しておくと、検討者の趣味の話などにも発展するでしょう。

商談スペースができると、見学の際に少し腰掛けていただき、家族との対話の時間にしたり、1人で本当に入居したいのかをじっくり考える時間に充てていただくなどに活用していただけます。そんな時間を演出するために、見晴らしのよい場所に談話スペースを設けたり、「ちょっと資料を取りにいってきますね」などと、スタッフが席をはずして、あえて検討者と家族だけの時間を作ってみるのもいいですね。

4 見学ルートとマニュアルづくり

これまでに、販促活動におけるポイントとして、施設の独自性や営業ツールなどの話をしてきましたが、老人ホームなどの施設を検討される方は、ご自身の必要なタイミングで問い合わせをされます。そのため、ニーズの発生タイミングが特定できません。いつ電話があり、いつ見学に来られるかもわからないため、いつでも誰でも対応ができる状態を作ることを目指すと、安定した販促ができるようになります。

そのために大事なことは、マニュアル化です。ここでは、施設見学におけるルートのマニュアル化についてご説明します。

施設のフロアマップを手にしながら考えてみてください。（図48）

見学を「起」「承」「転」「結」と分けて考えます。まずは「起」は、オープニング・イントロに当たります。緊張して見学に来ている検討者や家族の心を徐々に溶かすようにします。エントランスの談話スペースや明るい個室へお通ししましょう。そこでお茶を出して、受付シートに記入をしていただきます。受付シートの内容やどのような施設を探しているのかなどの要望や検討者の意向などをヒアリングし、打ち解けましょう。

図48　フロアマップイメージ

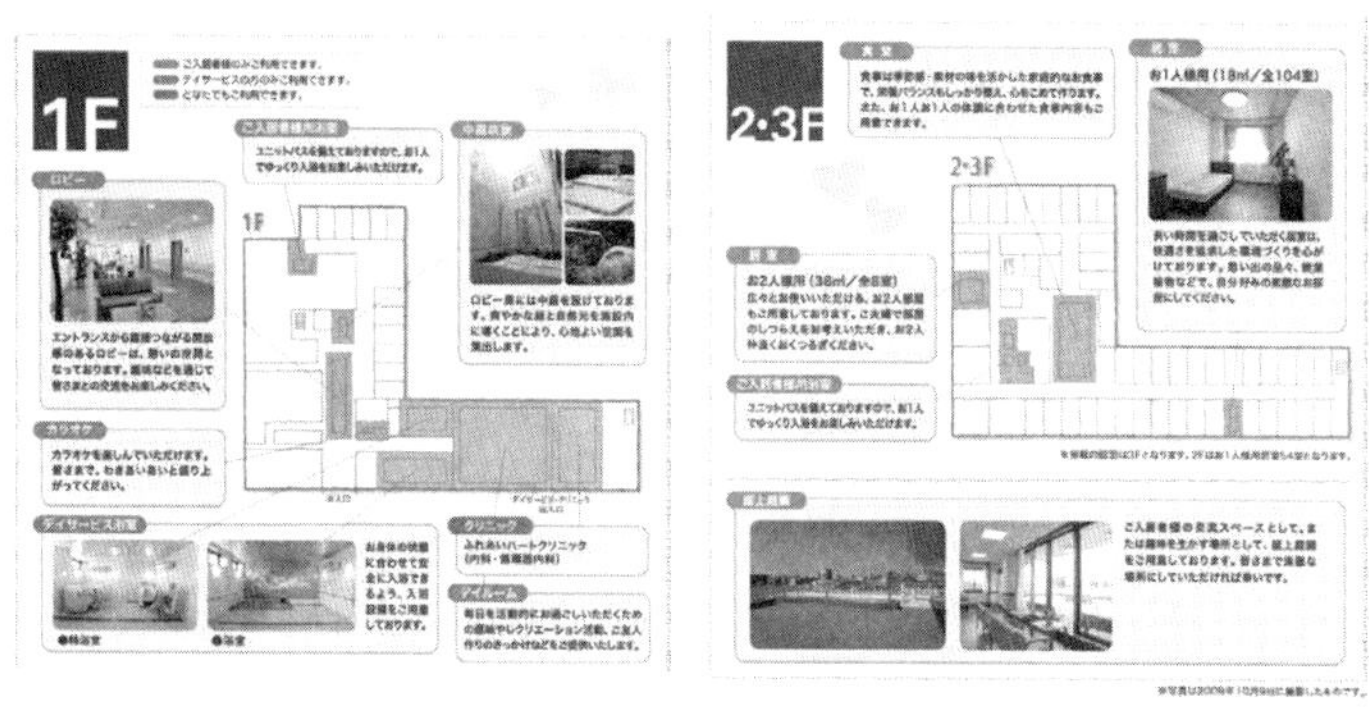

出所：住宅型有料老人ホームケアポート箱崎パンフレットより

次に「承」です。ここでは、施設館内の案内をして回ります。案内する際には、次のクライマックスにあたる「転」を意識したルートをつくります。まずは、1階フロア、入口に戻り、施錠時間、外出時の注意などの事務的な説明をします。高層であったり、2階建てでも眺望のよい施設であれば、下の階から登っていくようにします。1階に併設のデイサービスがある場合は、見学し、介護サービスの説明を、できれば現場スタッフにしてもらうようにしましょう。低層階に食堂があれば食堂の見学、入居者が集まっているようなスペースがあれば、入居者と触れ合ってもらうなどします。趣味のスペースなどがあれば見学し、検討者の趣味などもうかがいましょう。

次にクライマックスの「転」です。モデルルームが見晴らしのよい部屋であれば、モデルルームで少しくつろいでいただくような時間を作ります。テレビのモニターなどで、イベントや施設紹介の動画などを見ていただくことができるとよいでしょう。このモデルルームで、入居時にどのような家具を持ってくるかなど具体的な話が出てくると、入居の確率が高くなります。より具体的な、施設での生活について話をするように心がけてください。モデルルームがあまり見晴らしがよくなかったり、モデルルームが作れない場合には、食堂で昼食などの試食をしていただいたり、お茶菓子などを出して、できるかぎり長い時間過ごしていただきましょう。

「結」は、クロージングです。前向きに検討をされているような方であれば、仮申し込みをしていただくこともあります。あと少し営業が必要な場合は、再度の見学へ誘導してみましょう。その際に付き添いの家族は、1度来た方ではない別の方と来ていただくなどを提案してください。体験入居を利用できる場合は、必ず体験をおすすめしてください。体験入居をしていただくと、入居の確率はさらに上がります。

「転」と「結」の間に、施設のスタッフが深く関わらない、検討者本人と家族だけの時間を作るようにしてください。その時間で、冷静な判断をしていただけるようになります。

私が見学をしてきた施設で、地下の食堂に案内され、折りたたみの長机にパイプ椅子の場所で、スタッフがタバコを吸いながら入居相談を受けている場面を見たことがありますが、決して気分のよい光景ではありませんでした。検討者本人や家族は、人生で大きな決断をしようとしています。少しでも前向きに、そして、こんなはずではなかったと思わせないような営業をしなければなりません。ですから、どのスタッフが対応をしても、ある程度均一な施設案内ができることを目指してください。フロア図を見ながら、施設の見学をマッピングし、しっかりと共有しましょう。

施設の設備で特徴的なスペースがあれば、目玉になります。「承」もしくは「転」のタイミングで、見学していただけるようにしてください。たとえば、大浴場やフィットネススペース、趣味のスペース、屋上庭園などです。

5 定期的な〝見学会〟という仕掛け作り

有料老人ホームやサービス付き高齢者向け住宅が開設された際には、大々的な見学会が催されますが、見学会は検討者において心理的ハードルが低くなり、参加しやすくなります。大勢を1度に迎え入れるタイプの見学会なら、なおさら心理的ハードルは低くなり、1対1の個別対応の見学会は少しハードルが高くなります。それは、検討者が断りにくかったり、契約しなければいけないのかなといった脅迫観念を持たれる場合があるからです。

図49　問い合わせ者のヒエラルキー

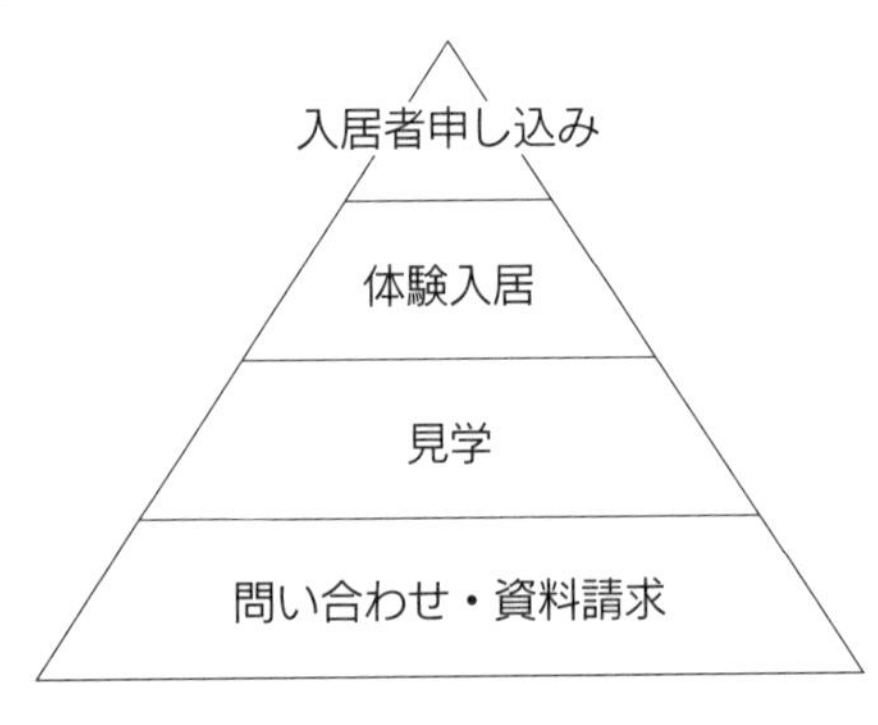

しかし、見学会を開催しなければ、常に個別対応での見学になるので、よほど入居の意思が固い方以外の集客は難しくなります。（図49）

前段で、顧客リストをつくり、ヒエラルキーをつけることについて触れましたが、常に確度の高い方ばかりだと、急な空室の時に顧客リストを活かしにくくなります。ある程度、入居までに余裕のあるヒエラルキーランクの低い方のリストがあれば、問い合わせ時に情報収集目的であることが多いため、他施設も見学していない可能性もあり、自施設への入居の芽がある顧客となるでしょう。そのため、空室の有無にかかわらず、少しオープンな見学会を、定期的に開催することをおすすめします。

毎月開催する場合は、「第3土曜・日曜日は見学会」などと固定化するほうがよいでしょう。それは、1度チラシデザインや広告デザインをつくると、作り直し

図50　見学会チラシ

出所：住宅型有料老人ホームみんとくチラシ

をしなくてもよいというメリットがあることと、近隣住民やケアマネさんに覚えてもらいやすくするというメリットがあるからです。（図50）

人員的に土日が難しい、2日間の開催が難しい施設の場合は、平日1日の開催でもよいでしょう。大切なポイントは、定期的に開催するということです。開催する時間帯も限定すると運営しやすくなります。スタッフの人員が確保しやすい日中に開催し、昼食の試食などができるようにすると集客しやすくなるし、検討者の施設滞在時間が長くなることで施設についての理解度も増します。

毎月開催が難しい場合は、高齢者で

も、無理なく外出がしやすい春と秋に見学会を設けるとよいでしょう。その場合は、見学会の日程を複数設けることで、対象者の幅を広げることができます。春と秋の見学会を定例のものにして告知してください。

見学会で集客をするには、昼食試食などの特典をつけたり、介護相談などで間口を広げるような施策が必要です。映画鑑賞や講演会、演奏会などで集客し、その後に見学会を絡めてもよいでしょう。さらにハードルを下げやすく、施設に対しての理解を深める施策として、施設イベントの日程に見学会を合わせることも考えられます。

春は、節分やひな祭り・花見など、夏は夏祭り、秋は敬老会・ハロウィン、冬はクリスマス会などを見学者に見ていただき、場合によっては参加していただくことで、見学への心理的バリアも小さくなり参加数の増加も期待できるし、施設への理解を深めるチャンスにもなり、入居の確率も高くなるでしょう。

6 入居者は「営業部長」!

入居検討者は、見学の時に何を見ているのでしょうか? 施設の設備、スタッフの働きぶり、サービスは行き届いているだろうか、清潔かどうか、日当たりはどうか、住み心地はいいだろうか…。見学の際に、気になるところは隅々までご覧になることでしょう。見学の応対をするスタッフも、漏れのないように、詳細まで説明をするはずです。しかし、どんなにスタッフが準備をして、どんなに説明をしようとも、入居者のひと声にはかなわないかもしれません。それは、実際に今、住んでいるからです。さらに、実際に住んでいる入居者は、営業トークでもない、脚色もない本音の意見を話してくれます。

こんなことがありました。サービス付き高齢者向け住宅へ、私が見学にお連れした70代の女性。施設長から施設の概要の説明を聞き、1階の食堂や多目的スペースの見学をし、モデルルームへの見学へと向かいました。モデルルームのあるフロアまでエレベーターで上がると、目の前の談話スペースで新聞を読んでいる80代の女性入居者がいました。モデルルームの見学を終えると、談話ルームから先ほどの入居者が声をかけられました「モデルルームよりも、実際に住んでいる部屋を見たほうがいいんじゃない？　お茶をお出ししますよ」。ご見学に来られた女性も、「それもそうね」と、施設長をおいて入居者の居室へと入っていきました。

そうです。入居者の女性こそ、営業部長なのです。見学に来た女性は、1時間たってもいっこうに居室から出てきません。居室の外には2人の笑い声が聞こえるほど意気投合し、話は盛り上がっているようでした。あまりにも長くなると、ご家族も心配されるのではないかと施設長と相談し、居室から出てきていただきましたが、２人はすっかり友達になったようで、「私、ここに住むことに決めたわ」と、あっという間に入居を決められました。

また、他の施設では、どの見学者にも「ここは何不自由なく過ごせるわよ」と、声がけをしてくれる入居者がいます。この施設へ入居を決められた方に入居の決め手をうかがうと、その入居者の声と表情がよかったからという方が多数いらっしゃいます。

実際にお住まいになられている方の声がけは強いですね。これは、入居者が心から満足しているから、自然に出てくる言動だと思います。見学に来られた方へしっかりと好感の持てる言動をするように、スタッフには指示することもできるでしょう。入居が決まったら成功報酬があるなどの臨時ボーナスがあれば、なおさらです。また、入居者は見返りを求めずに、感じたことを話してくださいます。

しかし、これは逆も言えるということです。入居者が不満を持っていたらどうでしょうか。「ここに入居しなければよかった」「あなたは、もっと他の施設を見学したほうがいいわよ」「食事がいまいちなんだよね」…。これは、実際に入居者が見学者へ言われた言葉です。不満を持たれていると、ネガティブ発言をされてしまいます。では、どう対処すべきでしょうか。簡単ですよね。入居者に毎日満足していただくことです。ある施設長に教えてもらいました。満足していただくことは、甘やかすことではなく、家にいたときと変わらないような暮らしをしていただくこと、かゆいところに手が届くようなお声がけをすることなどです。そのためには、気兼ねなく話しかけていただけるような関係になることが望まれます。どの施設もできていることかもしれませんが、「入居者は営業部長!」と位置付けて、今1度コミュニケーションのあり方を見直してみましょう。

7 手書きのお礼ハガキを使って心をキャッチ

ここまで、見学について触れてきましたが、見学に来ていただいた場合、入居への歩留りは高くなります。これは当然のことですが、それをもっとグッと引き寄せるためにやっていただきたいこと。それはお礼ハガキです。よく、整体院や歯科医院などに通うと、ハガキが届きますよね。中小企業などでは、サンキューレターとも呼ばれるアレです。では、見学の後の、どのタイミングで届くのがベストなのでしょうか。それは、最低でも1週間以内には届くようにします。できる限り、施設に対して熱がある時機から外れないように、早いタイミングで届くようにしてください。

では、どのような内容のハガキを送るとよいのでしょうか。ただ単純に、「先日はご見学にお越しくださりありがとうございました」だけで終わらせないでください。

私がお勧めしているお礼ハガキの内容は、次の6つです。

①　当日話したことの確認事項、質問があったこととその答えのまとめ
②　入居の背景が似ている入居者の声（体験談）の抜粋
③　Q&A集などの営業ツールがあることの告知と送付希望うかがい
④　施設イベントへの招待
⑤　施設の中庭などの草花の情報など
⑥　引っ越し業者などの紹介もできるというサポート情報

いずれも、施設へお越しいただいたことの感謝を伝えるとともに、検討者の今欲しい情報や、今後必要だと思われるような情報を伝えます。

①などは、お互いの認識を共有することで感謝を伝え、信頼を構築する意図があります。②は、今1度検討している方に、同じような境遇だった方の事例を紹介することで、決断の参考にしていただくことを狙います。③は、見学時に質問があった回答や見学の後に疑問を感じられた場合などに活用できるQ&A集の紹介と送付の必要性をうかがうようにします。④は、再来訪を促すための仕組みのひとつです。食事の試食をしていない場合などは、試食のQ&A集だけでなくても、料金シミュレーション表や見積もりなどでもよいでしょう。⑤も、施設への再来訪を促す意図がありますが、施設見学のお誘いなどでもよいでしょう。

時のことを思い出していただき、より施設への好感を高めるような効果をめざします。⑥は、かなり前向きに入居を検討されているような方に送ると効果があります。引っ越しの手続きや作業は、家族の手伝いがあっても、たいへんな負担です。そのためのフォローの一環で、引っ越し業者を教えたり、粗大ゴミの収集やリサイクルショップなどの紹介をします。

お礼ハガキは大切な営業の一手で、入居検討者との接触頻度を上げるためのツールです。1度しか会ったことのない方の心をつかむためにぜひ活用しましょう。

また、ハガキは、市販の真っ白のものでもいいのですが、デザインも含めて施設のオリジナルレターを制作して送ってみてはいかがでしょうか。便箋で送る場合も、施設のロゴなどをしっかりとレイアウトし、オリジナルのツールとして送りましょう。

この後にも紹介しますが、見学に来られたら数日以内でお礼ハガキを送るという決まりを作り、どなたでもハガキを準備することができるようになれば、スムーズに顧客フォローができるようになります。

7章

クロージングまでの販促活動

1 販促スケジュールで効率アップ

〝販促カレンダー〟というものをご存じでしょうか。新聞の折込チラシを検討する際に利用したり、百貨店などの催事イベントを考える際に活用します。今では、インターネットで無料で閲覧できるものもあります。1年間の販促を、祝日や祭事を基軸に組み立てたり、季節に応じて、売れそうな商品を予測して在庫を増やしたり、販促施策を打つ計画を立てるのにとても便利です。

婦人服店の販促スケジュールでは、5月初旬に母の日、9月に敬老の日、12月のクリスマスなどの祭事でイベントの企画ができます。また、冬場の寒さが厳しくなる前は、防寒のためのアウターや肌着などが売れる予測が立てられます。逆に、暑くなる季節には、速乾性の高い衣類が売れる予測が立てられます。また、百貨店などに出店している店舗であれば、春と夏、冬と大きな売り出しがあるため、その予測もし、販促カレンダーに記載するとよいでしょう。

では、その販促カレンダーは、有料老人ホームやサービス付き高齢者向け住宅でも必要なのものでしょうか。私の答えは必須です。計画のない販促活動ほど、ムダな出費が多くなることはありません。また、人手が足りない事業だからこそ、しっかりとしたスケジュールを立てて、計画的な販促活動をしましょう。

有料老人ホームやサービス付き高齢者向け住宅の販促カレンダーでは、百貨店などのようにセール時期もないし、売れやすい時期もありません。ポイントは、「どのタイミングで老人ホームに入ることを検討するか？」です。検討される確率の高い時期の1つとしては、家族が集まる時期です。帰省時期には家族会議が行なわれ、自身の親の老後や介護について話すタイミングが訪れます。ですから、正月、ゴールデンウィーク、お盆は検討されやすいタイミングです。次に検討されやすい時期は、体の不調を感じる時期です。寒さが厳しい時期、暑さが厳しい時期は、体調不良を感じることが多い時期です。この2つのタイミングを組み合わせてチラシをまく時期を決めたり、広告出稿の時期を検討してみましょう。

また、見学会などのイベントを考える際も、寒い時期だと集客しにくいため、暖かい時期に見学会を企画することをおすすめします。さらに、梅雨の時期や台風などがよく来る時期に見学会や集客イベントを企画すると、開催当日に天候不良などを理由に当日キャンセルになるようなリスクも考えておかなければなりません。

次に、祝日や季節の祭事・行事もスケジュールに落とし込みましょう。施設の設立記念日なども、忘れずに記載してください。このような祝日や季節の祭事などをチャンスにして、見学誘導や地域の方達への開放イベントなども企画してみましょう。地域の方々とのコミュニケーションは、新規顧客の集客にもつながるので、地道な活動にはなりますが、実施してみることをおすすめします。

たとえば、2月の節分祭、3月のひな祭りも施設を地域に開放できます。4月に予定する花見なども、入居検討者やその家族もお誘いすることで、入居者と接していただく機会が増えて、より施設のことを知っていただくことができます。何よりもよいのは、家族と同伴イベントにすると、家族が安心していただきやすくなることです。

このように、1年間のスケジュールを販促カレンダーに書き入れることで、1年間何かと行事で埋まっていくはずです。その中でも、集客に力を入れる山場を2つ作ってください。

たとえば、年度末から年度始めの時期、秋のシルバーウィーク時期などに大規模な見学会を企画し、そこを集客の山場にするといった感じです。そうすると、4月頭に集客の山場をつくるのであれば、2月中旬、およそ1ヶ月半前から告知を始めなければなりません。9月中旬であれば、8月頭からです。1ヶ月半は最低限の期間なので、2ヶ月前でもよいでしょう。ただし、それ以上長くなると、対象者も忘れがちになってしまうので要注意です。

告知期間が決まると、それまでに告知ツールとなるチラシやホームページなどの更新準備、ＳＮＳなどでの告知準備などが進められます。このようにして、年間の販促スケジュー

図51 高齢者施設の販促カレンダー

スケジュール		4	5	6	7	8	9	10	11	12	2015年 1	2	3
		★開業											
契約目標数													
テーマ別時期設定		第4フェーズ											
目的		オープン後プロモーション、クロージング 期間											
年間行事と人の動きについて	年間行事	年度				お盆					年末年		年度末・
	季節・気候	暖かい時期		梅雨	暑い時期		涼しい時期	寒い時期					
	人の動き・傾向	転			転居時						転居時期		転居
	家族会議	家									家族会議		家
入居における心理状態				天災による不安	暑さで体調に不安			寒さで体調に不安					
見学者の動向		見学に足を運びやすい時期					見学に足を運びやすい時期						
一般居室販売目標	月間集客目標	150	50	50	30	100	30	30	30	30	30	30	30
	累計集客目標	2150	2200	2250	2280	2380	2410	2440	2470	2500	2530	2560	2590
	月間入居目標	1	1	1	1	1	1	1	1	1	1	1	1
	累計契約数	98	99	100	101	102	103	104	105	106	107	108	109
	キャンセル後契約数	83.3	84.2	85.0	85.9	86.7	87.6	88.4	89.3	90.1	91.0	91.8	92.7
	入居率	77.1%	77.9%	78.7%	79.5%	80.3%	81.1%	81.9%	82.6%	83.4%	84.2%	85.0%	85.8%
介護居室販売目標	入居成約目標	2	2	1	1	1	1	1	1	2	1	1	2
	累計契約数	36	38	39	40	41	42	43	44	46	47	48	50
	キャンセル後契約数	32.4	34.2	35.1	36.0	36.9	37.8	38.7	39.6	41.4	42.3	43.2	45.0
	入居率	81.0%	85.5%	87.8%	90.0%	92.3%	94.5%	96.8%	99.0%	103.5%	105.8%	108.0%	112.5%
イベント・セミナー	セミナー	★著名人セミナー											
	合同説明会												
	イベント	★有料老人ホーム協会セミナー ★オープニングイベント				★夏祭り							
	専門従事者向けセミナー												
	一般	の見学会					★秋の見学会						
	[illegible]祭り												
	博多駅ビジョン												
マス広告媒体	TV−CM（RKB）	★											
	TV−CM（KBC）	★											
	TV−CM（FBS）	★											
	西日本新聞	★											
	朝日新聞	★											
	読売新聞	★											
	新聞折込	★968											
雑誌 FP	えいじんぐ												
	天神博多落語祭り												
	市政だより												
	鳴巣												
	旅三昧												
	WEBサイト												
	リビング福岡中央・南												
営業ツール	ノベルティ												
	ムービー	★施設紹介ムービー											
	A4チラシ												
	簡易パンフレット	★実写版											
	入居のしおり												
	重要事項説明書												
	契約書												
	仮申込書												
	販売センターツール（パネル等）												
		4	5	6	7	8	9	10	11	12	2015年 1	2	3

ルを組むことで、直前にバタバタしなくてもすむ効率のよい販促活動ができます。（図51）

2 1日の営業スケジュール管理で忙しくても効率アップ

年間のスケジュールを立てると、次は、1ヶ月、1週間、1日のスケジュール管理です。どちらかというと年間スケジュールは、管理者のみなさんに役立つスケジュールで、1ヶ月、1週間、1日のスケジュールは現場スタッフのみなさんのためのスケジュールです。

1ヶ月のスケジュールは簡単で、営業対象者となるケアマネジャーが忙しくなる時期を把握することです。月初は、給付管理や請求のために忙しく、月中は契約者の訪問で忙しく、また月末は、ケアプランの提供表作成で忙しくしています。気づいた方もいると思いますが、どの月も忙しいのです。しかし、事務作業をしている時期、月初と月末は事務所にいることが多く、月中は事務所を不在にしがちです。飛び込みの訪問であれば、月末月初、アポイントを取って話をする、見学に来てもらうのであれば、月中にすると月間スケジュールが立てやすくなります。

忙しいケアマネさんに気を遣ってばかりでは営業できないので、ほどよい図々しさを持ちつつ、忙しい時間をもらって申し訳ないという気持ちで謙虚に営業し、ケアマネさんの気に

図52 1ヶ月のスケジュール

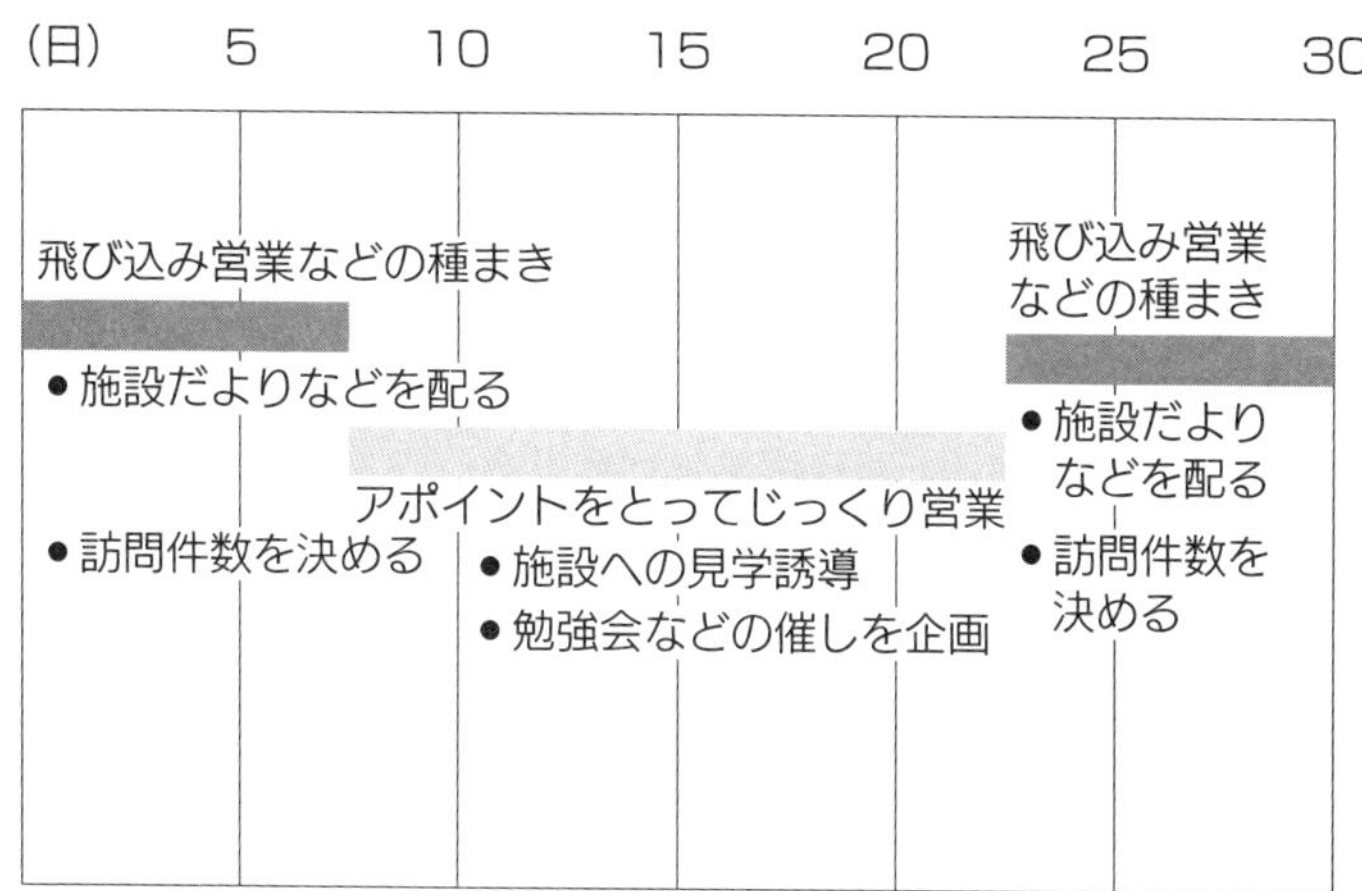

なる情報やメリットのある情報などを持ち込むことができれば、あからさまにイヤな対応はされないでしょう。(図52)

次に1週間のスケジュールですが、これは施設側のシフトに合わせましょう。日曜日はご家族対応やスタッフが少なくなることもあるので、基本的に外向きの営業はせず、見学対応に当てます。残りの曜日は、デイサービスの利用人数やスタッフのシフト内容によって組み立ててください。

大事なのは、1日のスケジュール管理です。毎日忙しくしているスタッフは、20分ごとに自分の仕事内容が決められているような施設もあるほどです。朝はどの施設もバタバタしているはずです。動けるとしたら、11時頃からでしょうか。しかし、スタッフのお昼

図53　1日のスケジュール

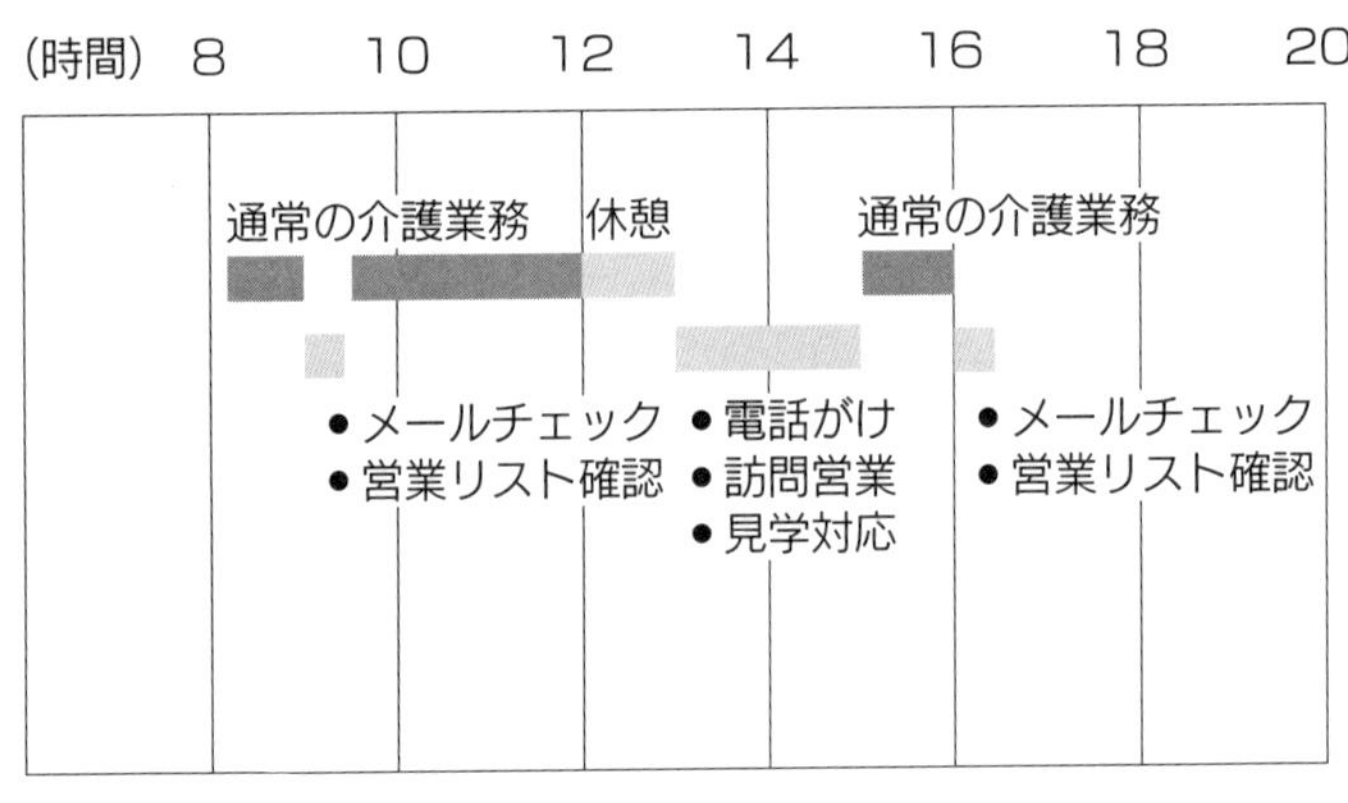

休憩などもあるので、なかなか外出はできません。そこで、午前中は電話掛けなどの時間に当てることができます。お昼を挟んで、外回りの時間です。病院なども外来患者が減っていることが多くなるので、病院の地域連携室の訪問などがよさそうです。

ここで、けっこう評判のよかった営業施策があります。14時、15時頃に営業をするのですが、その際に入居者や施設の利用者が作ったクッキーなどを持参するというやり方です。気を遣って、菓子折りなどを買って持参しても、受け取りをされないケースもありますが、入居者や利用者がつくったものとなると断る理由はありません。ちょうどおやつ時間にもあたると、すぐに食べていただけることもあり、感想をうかがうなどコミュニケーションのとれる時間にもなります。また、ケアマネジャーさんたちの勉強会などを企画して施設の中で実施するなど、ケアマネジャーさんたちへの施設の開放なども、距離が縮むよいチャンスとなるのでおすすめします。（図53）

ここまでに、1年、1ヶ月、1週間、1日のスケジュールを立てることをお勧めしましたが、急な業務や対応が理由で、スケジュールが変更となることも多々あるかと思います。しかし、必ずスケジュールを立て直して再度組み立てましょう。そこで、ただ営業するということだけが目的にならないようにしてください。必ず目標を立てていただきたいのですが、介護スタッフの方々が、営業を嫌いになる理由のひとつが目標です。何人入居が目標と事業主側や管理者側は立てたくなるのですが、まず「何人に会いましょう」「この資料を何人に配りましょう」「ケアプランセンター内で何か変化がないか見てきましょう」などとハードルを下げて目標を立ててください。その目標が、月内や週内での目標に対して達成できるようなスケジュールの組み立てと管理が必要です。

スタッフの方々が、あまり数字に追われすぎないようなスケジュール管理をしていただくことをおすすめします。

3 顧客情報管理で情報共有のアップを

有料老人ホームやサービス付き高齢者向け住宅の営業場面で、入居検討者や見学者の対応がスムーズにいっていない理由として、スタッフ間での情報共有がされていないことが考えられます。「先日資料請求された方が、急に見学に来られた！」「見学された方が再度訪問された」など、1度は接触のある方が突然訪問された場合、情報共有がされている施設とそうでない施設では、対応に大きな差が生じます。みなさんの施設ではどのような情報共有をされていますか?

介護施設の情報共有といえば、入居者についての申し送りがあります。その際に、見学があることなどは話しているかと思いますが、見学者の名前まで覚えているスタッフはいるでしょうか。もし、あなたが見学者で、施設に行った時、スタッフから「○○様ですね、お待ちしておりました」と、1言添えられるだけで印象が変わるはずです。少しの気遣いで、おもてなしは変わります。申し送りの際には、ぜひ見学に来られる方のお名前くらいはスタッフにメモを取ってもらうことをおすすめします。メモにおすすめなのが、ウェアラブルメモです。手首に巻きつけることができ、ボールペンで記入、指でこすると消えますが、水で濡れても消えないという優れもののアイテムです。

実際に、情報共有がうまくいっている施設では、ホワイトボードを上手に活用していました。見学者の情報だけでなく、この1ヶ月で問い合わせのあった方の情報、入居者の入退院情報、営業目標なども掲示し、スタッフが常に見えるスペースに配置していました。休憩室があれば、そこに掲示してもよさそうです。アナログなツールですが、情報共有で友好的なことは声がけとメモです。

デジタルツールでの情報共有も、記録を残すということと、長期的な顧客管理を行なううえでは有効と言えるでしょう。前段で、顧客のヒエラルキー分けについてご紹介しましたが、エクセルなどのソフトで顧客情報を入力し、ヒエラルキー分けまでしておくと、手紙や施設だより、電話フォローなどもしやすくなります。最近では、エクセルをグーグルドライブで管理することで、複数箇所で顧客情報の管理をされているところもあります。これらは、ほぼ無料です。複数の施設があるところや、本部が別になっているところなどでは、とくに有効でしょう。

クラウドを活用した顧客管理ツールは、実は現在はやっていて、CRMやSFAなどという単語をネットで調べると、いろいろなツールが出てきます。オススメのツールとしては、スマホとマップが連動しているcyzenや、シンプルで使いやすい「ちきゅう」というツールです。チャットワークや報告アラームなどの機能もあり、登録しているスタッフ間ではしっかりと情報共有ができるようなツールです。

無料から利用できるツールもありますが、利用に制限が多いこと、個人情報のセキュリティー面なども考慮して、有料で利用するほうがいいでしょう。

また、前出したビジネス用のLINEアカウントを、スタッフ間で利用する情報共有ツールにしてもよいでしょう。無料版では、管理者が3人まで追加できるので、リーダーが管理者になり、常にメッセージを配信することで、情報共有を図ることができます。その後は、書面管理をしたら、エクセルなどでのデジタル管理をする必要が出てきますが、すぐに情報共有をすることや、画像や動画の配信での情報共有を活用すると、幅広く丁寧な情報共有ができるでしょう。

施設の規模や、スタッフとの親密度などを考慮して、それぞれに合った情報共有体制を作ることが望ましいでしょう。しかし、くれぐれも情報の流出には気をつけることと、情報が多くなりすぎてスタッフへの負担が増えないようにするバランスも必要なので、気をつけましょう。

4 ステップアップ営業管理で効率のよい顧客フォローを

健康食品や化粧品、家電などの通信販売を利用されたことはありますか？ 実は、そこには顧客フォローのノウハウが詰まっています。昔の通販の営業スタイルといえば、コールセンターからのしつこい営業電話でした。しかし、携帯電話の普及とともに、電話自体の存在がより生活の中に溶け込んでいき、営業電話が毛嫌いされ、非通知は拒否、番号の表示で営業の電話だということがわかると電話に出ないようになりました。

そこで、通販の営業はどのようなスタイルに変わったのでしょう。電話でのフォローは、一番肝心なときにしかしません。たとえば、試供品を取り寄せられた方に、再度試供品をおすすめするDMをお送りします。その返答がなかった時には、電話フォローをしません。再度試供品の申込があった方には、1週間分の試供品をお送りし、5日目あたりに電話フォローを初めてするのです。その際に利用の状況や感想をうかがい、あらためて商品案内のDMを送付することをお伝えします。（図54）

この工程をクリアした方は、ほぼ購入するそうです。さらに購入後もフォローが続きます。月に1度の広報誌の発送、サンプルの送付などだけでなく、利用者限定のパーティーへ

図54　通販業界のフォロー図

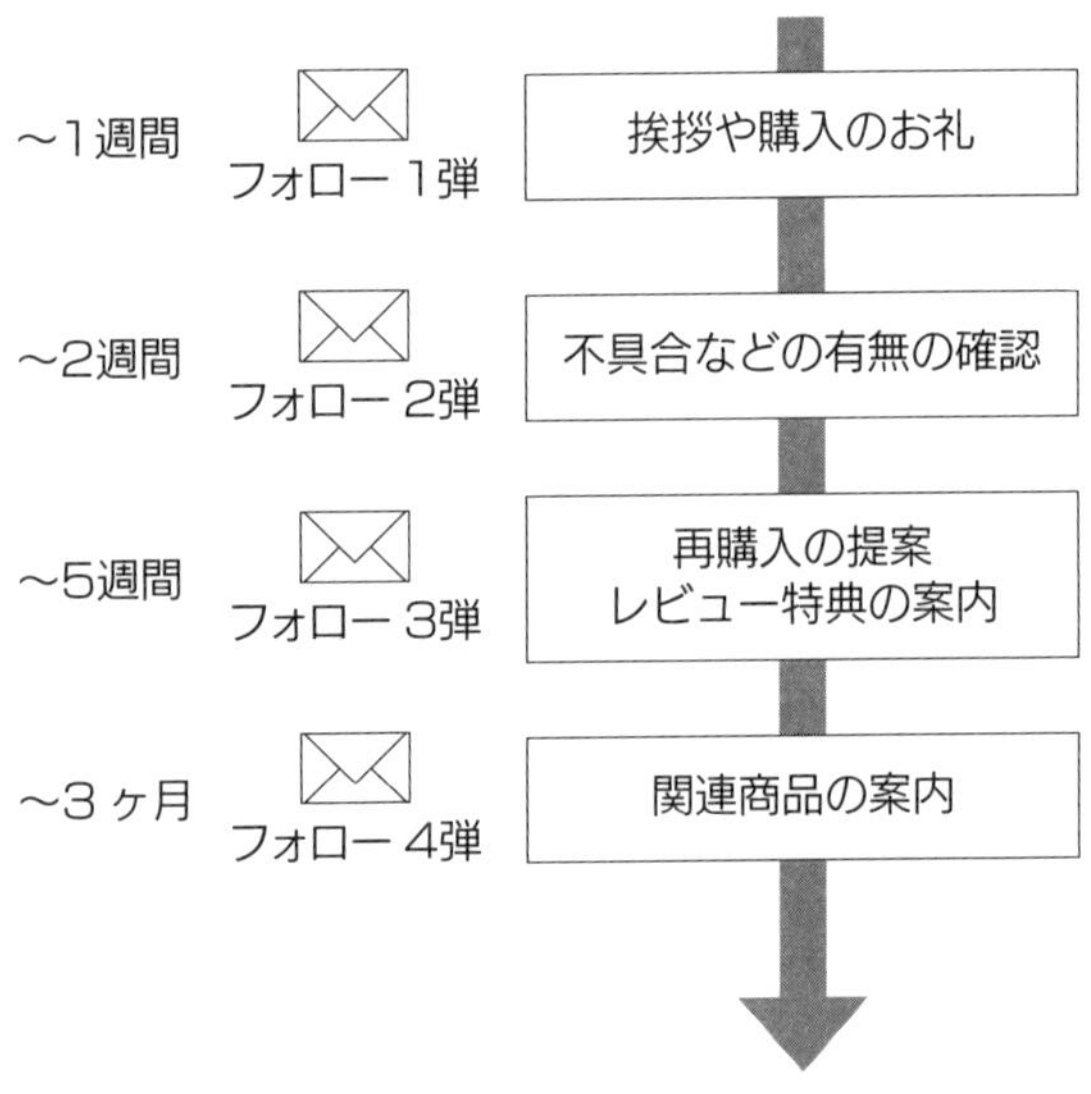

のお誘い、テレビショッピングの事前案内など、顧客の住んでいるエリアや年齢に応じて対応をしていきます。これは、すべて決まったルールの中で営業をしているのです。通販営業の方々は、これまでの顧客の実績と傾向をしっかりと分析し、顧客をいくつかのタイプに分けていきます。新規の顧客は、そのタイプごとに分けられ、それぞれのタイプに応じた営業フォローをするのです。DMも、絶妙なタイミングで届きます。封筒などもメッセージやデザイン性のあるものです。このように顧客フォローを、ルール化していくことをおすすめします。

図55 介護施設のフォロー図

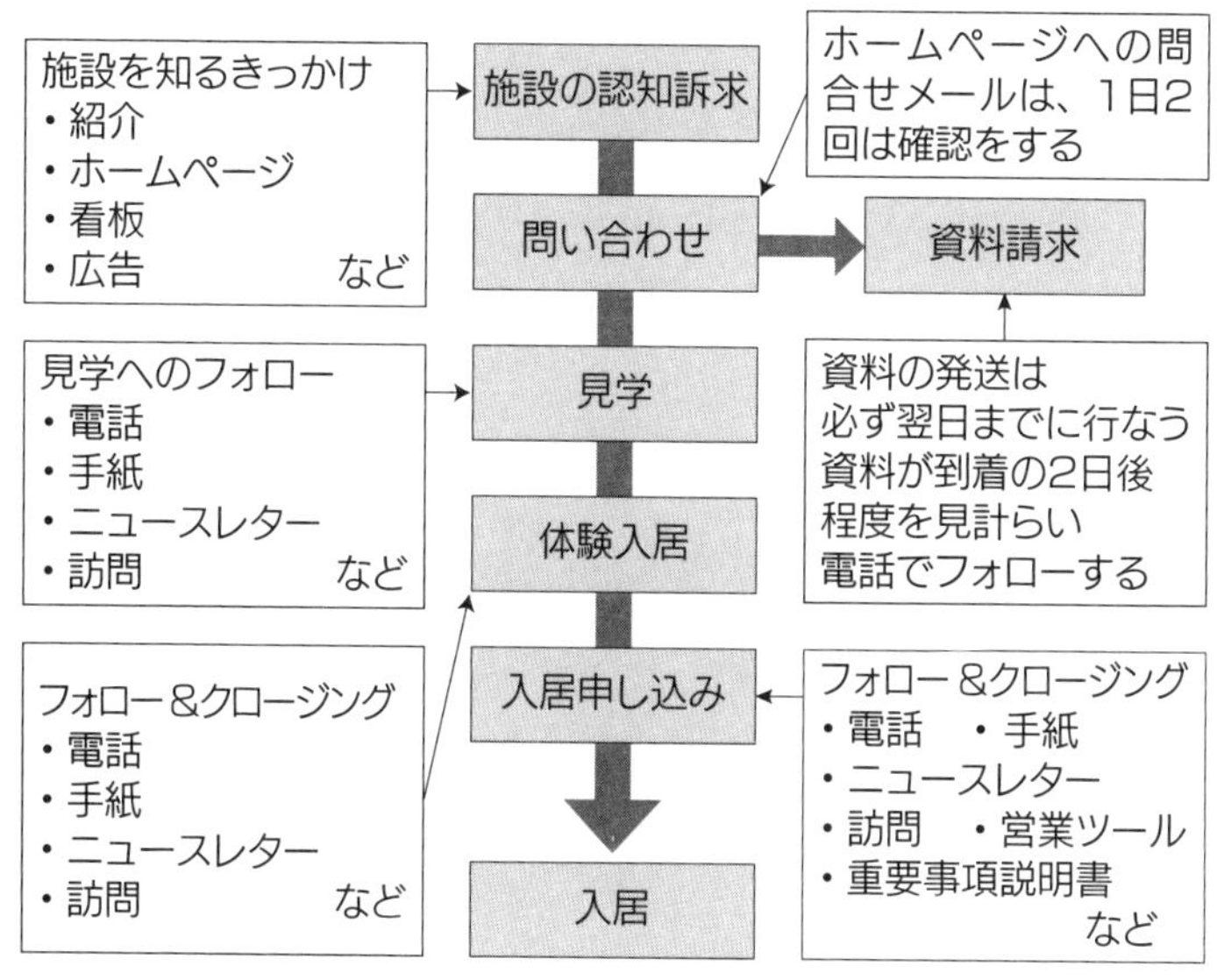

次に参考にしていただきたいのは、メールマガジンです。メールマガジンも登録者によって対応をルール化しています。ステップメールと呼ばれるやり方です。メルマガに登録される方は、商品やサービスに興味があって登録をされるので、興味の熱があるうちからフォローを畳みかけます。たとえば、登録した日には1つ目のメルマガに特典、次の日には特典の感想を問う内容、次の日にはさらなる特典、次の日には事例、次の日にはセミナーや説明会などの告知……といった段階でどんどんとフォローします。（図55）

有料老人ホームやサービス付き高

齢者向け住宅でも、問い合わせのあった方は、かなり高い確度で施設に対して興味を持っているはずです。そのため、熱が冷めないようにフォローをする必要があります。しかし、他の一般的な商材と比べて難しい点があります。命がかかわっていること、本人と家族の人生にとても影響がある商材であることです。消費者は、失敗が許されません。ですから、決して売り込みに走ってはならないということです。

では、どのようなスケジュールが望ましいのでしょうか。大きく、3通りの顧客パターンで分けることができます。①早急に入居されたい方、②半年から1年の間で入居されたい方、③1年以上かけて入居されたい方です。

1番の方のフォローはとてもデリケートです。入居を検討できる材料を、すぐにでも手元にそろえたいという心境なので、資料請求された場合は、重要事項説明書も含めて入居に必要な資料を送りましょう。できれば、最初の電話の際に見学の日程を決めてあげることができるといいのですが、それができなかった場合は、見学可能な日程などを別紙でお伝えできるようにします。

さらに、資料を送って3日後には、フォローの電話をしましょう、そこで、資料が届いたことの確認と資料を見た上での質問などをうかがいます。訪問での面談が必要な場合は、対応ができることをお伝えしましょう。その後3日たって連絡がない場合などは、検討している他の施設があるか、家族間での検討が必要な場合も考えられるので、どのようなポイントで検討されているかをうかがい、見学の誘導や面談などをすることを進めていきます。

2番の方の場合は、資料請求をいただいた際には、パンフレットや施設だよりなど軽めのものをお送りします。発送後1週間で、1度フォローを入れますが、その際の反応をうかがい、少し間を置くかどうかを決めて、フォローをします。資料請求をされてから2ヶ月以内の見学を目指し、見学後にはサンキューレターでのフォローをするなど、コミュニケーションをとっていくことを目標にして、施設のイベントへの参加なども促しましょう。

3番の場合は、いろいろな施設の情報を集めていらっしゃるので、その情報を多く伺いましょう。これは、他施設の対応や情報を手に入れるためにも大切な行為です。長期で探している方は、学習したいと考えている傾向があるため、ライフプランの立て方やエンディングノートの書き方など、セミナー&見学会の誘導などをすることをおすすめします。連絡をとるタイミングは月に1度程度で、あまりイヤがられないよう、DMメインでのお付き合いになることが多いのですが、半年に1度は連絡を入れて、体調の変化や他施設への動向をさぐりながらフォローをします。このようなフォロー体制を図式化し、施設スタッフで共有しましょう。そして、フォローのタイミングがきたら、どなたでも対応ができるような体制づくりをめざしてください。

ある施設では、入居までとても時間がかかった方のフォローで、買い物代行の紹介や家財道具の整理の仕方を教えに行ったり、リサイクルショップを紹介するなど、生活全体の悩みをうかがいながらフォローを続けた営業マンがいました。ここまで入居検討者の懐に入り込むことができると、他の施設は対抗しづらいでしょう。あくまでも、入居者の人生を左右する商品であることを頭に入れ、プッシュしすぎない細やかなフォローをめざしましょう。

8章

事例紹介

1 「認知症に強い」で高い入居率
―医療法人光竹会　住宅型有料老人ホームグランドG－1―

福岡市の中心部から南へ向かうと、佐賀県との県境に脊振山があります。その麓にあるのが「ごう脳神経外科クリニック」。2018年に市となった那珂川市ですが、山々が近く、田畑が広がる風景は、一見田舎で不便なイメージ。しかし、福岡市の中心部や大学病院のある早良区、ベッドタウンの春日、大野城などとほぼ一本道でつながる交通アクセスのよい立地です。クリニックの呉院長の患者さんに対する強い思いと、的確な診察と高度な医療技術が評判で、診察室はいつも多くの患者さんがいらっしゃいます。

「ごう脳神経外科クリニック」には、頭痛やめまいで悩まれている方以外に、脳卒中やアルツハイマー、認知症と幅広い患者さんが訪れ、隣接施設にはリハビリに特化したデイケアセンターがあります。そのクリニックから20分ほど福岡市内へ向かうと、2つのクリニックも運営、道中にもデイサービスセンター・有料老人ホームを運営されています。呉院長はもとより、グループスタッフも、グループ間の施設を行き来しやすいルートで運営されているのはさすがです。その有料老人ホームが「グランドG－1」です。

図56 グランドG-1

住宅街に位置し、ひときわ目立つオレンジ色の建物が「グランドG−1」（図56）

エントランスには、象徴的なタマゴのオブジェ、エントランスロビーには琉球畳を配した茶室があり、華やかさと和の落ち着いた雰囲気が漂います。明るい茶室の縁に腰掛けてくつろぐこともできます。1階にはデイサービスがあり、日中もにぎやかです。デイサービスは、外部の方だけでなく、有料老人ホームにお住いの方でも利用ができるので、雨の日も安心です。また、ヘルパーステーションもあり、介護保険を利用した介護サービスを日中、夜間と受けることができます。

建物の造りやスタッフの配置はもちろんですが、グランドG−1が選ばれている理由の1番のものは、強力な医療連携です。グループに別法人の医療法人があり、そこには24時間医師が常駐していて、その連携は強力です。しかも、グループ内のことを知るスタッフ同士のやりとりなので、とても連携がスムーズです。呉院長も、ことあるごとに「グランドG−1」へ訪れますので、入居者もスタッフも安心感が違います。母体の医療法人は脳神経系のため、脳卒中での入院後のケア、認知症対応だけでなく、グループホーム定員で入居できなかった方なども「グランドG−1」を選ばれています。

さらに、「グランドG−1」の特徴として、「夢プロジェクト」という施設サービスを行なっています。その内容は、介護が必要になったことであきらめたことに再度チャレンジする、高齢になっても新しいことにチャレンジするといった、夢を叶えるプロジェクトです。たとえば、県外にあるお墓にお参りに行きたいがあきらめていた方も、スタッフ同行で夢を叶えられました。外食をしたいという方のご希望を受けてできたラーメン店での外食などもしています。そして、プロジェクトが力を入れているのが温泉1泊旅行です。私も、取材で一緒に1泊させていただきましたが、重度の被介護者であっても医師、看護師、介護スタッフ同行で1泊旅行ができるのです。夜には大宴会もあり、医師の判断のもと、お酒、お刺身、天ぷらなど、普通ならあきらめてしまいそうなものでも召し上がられているのを見ると、「このサービスはすごい！」と感動すらしました。

次に、広報戦略です。これは、グループ全体を通してのことですが、ロードサイド看板の設置が成功しています。ロゴマークも印象的で、1度見ると覚えてしまいそうですが、クリニックや有料老人ホームへの導線を考える際に、主となる道路沿線には必ずといっていいほど看板を目にすることができます。費用はかかりますが、交通量やエリア内での認知訴求を考えると、コストパフォーマンスがとてもよい設置の方法と言えるでしょう。

施設が発行している新聞も印象的です。手づくり感を感じる施設の新聞は毎月発行されており、施設のイベントレポートやスタッフの体験レポートなどもあり、スタッフの頑張りも伝わってくるよい広報ツールになっています。

プロモーションのポイント

①医療連携を活用した得意分野の棲み分けができている
②入居者満足を考えた、独自のサービスの確立で付加価値ができている
③看板、広報誌といった広報基盤ができている

2 「施設だより」を活用した営業で効率アップ
―テルウェル西日本株式会社　住宅型有料老人ホーム　ケアポート箱崎―

NTT西日本のグループ会社のテルウェル西日本株式会社が運営している住宅型有料老人

ホーム「ケアポート箱崎」。テルウェル西日本は、総合ビルマネジメント、情報通信サービス、人材サービス、電柱広告などの幅広い事業を行ない、介護サービ事業にもいち早く参入しています。大阪に本社を構え、東海、北陸、関西、中国、四国、九州で居宅介護支援事業所や訪問介護事業所、通所介護事業所、グループホーム、そして有料老人ホームなどを運営しています。福岡市東区にある「ケアポート箱崎」は、駅からも近い閑静な住宅地に位置し、入居者のみなさんは穏やかな日常を送っています。1階にはデイサービスも併設し、外部の方も入居者の方もご利用されています。こちらのデイサービスは、介護度の重い方も利用されていていらっしゃいますが、スタッフの対応力が高いため、幅広い方の介護ニーズに応えているようです。利用者の方々が楽しみにしているのは、大浴場と季節のイベントです。昔ながらの銭湯を感じさせる大浴場には、立派な富士山の壁画がとても印象的で、利用者からも人気です。季節のイベントは、スタッフが企画して開催しています。夏は流しそうめん、冬はお鍋など、季節を感じるイベントや美容専門学校が訪れる母の日イベントなども好評です。秋祭りは、地域住民も大勢訪れるほどです。また、テナントとしてクリニックが入っており、医療連携も充実しています。そんな「ケアポート箱崎」が選ばれている理由として、運営母体の安心感があるからでしょう。ＮＴＴグループが運営しているということが、入居者や家族の最大の安心材料となります。

図57 ケアポート箱崎

また、大手企業が運営している施設なので、プライバシーの管理やコンプライアンスの整備も、他施設よりも先に進んでいるイメージを感じます。そのため、スタッフの定着率もよく、安定したサービス提供を実現しています。（図57）

「ケアポート箱崎」の周辺には競合する施設が多く、入居一時金を必要としない施設もあるため、入居者獲得が難しい時期がありましたが、少し料金改定を行なった後は、高い入居率を維持しています。エリアでのマーケティングをあらためて行なった結果とも言えるでしょう。その際に、告知方法として広告を活用することもありましたが、満室後も続けている販促ツールとして「施設だより」があります。このツールは、年に3回程度発行していますが、営業先に訪問する代わりにDMを発送し、NTTグループのOBに向けても、定期的にDM発送しています。満室や高い入居率の際でも続けたことだけが、直接的な効果以上に結果につながっているのではないかと思われます。

このようなツールがあることで、パンフレットにプラスした施設の情報を伝えることができるため効果的です。施設だよりの内容としては、イベントレポートやスタッフの研修報告、地域エリアのオススメの店などとバラエティ豊かです。

プロモーションのポイント

①母体イメージとコンプライアンス管理
②エリア内での施設マーケティングが成功
③販促ツール「施設だより」の活用で高い入居率を維持

3 「独自の医療サポートネットワーク」を確立し、安心を担保
―株式会社ケアクリエイツ　住宅型有料老人ホーム　みんとく―

福岡市で勤める方々のベッドタウンとして、1980年代より開発が進んだ筑紫野市や大

野城市で問題となっているのは高齢化です。そのため、このエリアでは、新設の老人ホームが多く、施設同士の入居者獲得競争が激しくなっています。なかでも、人気となっている施設が「住宅型有料老人ホーム　みんとく」です。この施設を運営しているのは、株式会社ケアクリエイツです。代表取締役の城さんは、特別養護老人ホームやグループホーム、有料老人ホームなどで勤務をしてきた介護のプロです。施設の立ち上げから入居者募集、サービスの確立まで経験してきたという方です。

「みんとく」は、ケアクリエイツが作った2つ目の住居施設で、1つ目が、デイサービスを併設したサービス付き高齢者向け住宅でした。「みんとく」との距離は車で5分程度。「みんとく」にはデイサービスがないため、入居者はグループ内のデイサービスや外部のデイサービスを利用されて過ごされています。「みんとく」は大正モダンを感じさせるデザインで、エントランスや1Fのデッキなどもゆったりと過ごせるスペースがあります。（図58）

この施設が選ばれる理由として最初にあげることができるのは、代表の城さんの介護に対する思いでしょう。これまでの経験をもとに、理想の介護を追求し続けている城社長の想いは、施設内で就寝時刻を設けていないことや喫煙したい方には喫煙場所での喫煙を認めるなど、自由度の高い介護施設というところにも表われています。そのため、病院を退院後に介護施設を探している方にとっては、自宅に近い雰囲気のため入りやすいと思います。

図58　みんとく

その城社長の、介護に対する思いや人柄は、地域医療との連携、介護施設との連携にも表われています。城社長は、介護と医療の密な連携こそが、地域の高齢者、介護難民を救うことにつながると考えており、10年ほど前から、介護に関わる方であれば、どなたでも参加できる「てっぺん会」という会の立ち上げから携っています。

その会には、医療機関の方々や介護施設の方、薬局、給食業者、税理士などなど、介護業に関わる方々が参加されています。多い時で、１００名を超える参加者がいる会です。

この会があるため、エリア内の医療機関、介護施設同士の情報交換が盛んです。

さらに、医療機関との医療連携をエリア内で独自に仕組み化し、「みんとく」の利用者は、地域の病院から退院後に入居している方も多く、透析が必要な方なども医療連携でしっかりと対応しています。

プロモーションのポイント

①創業者の介護への思いを施設で具現化している
②グループ間の介護連携が整っている
③地域での独自の医療連携が整っている

4 地域1番の「ホスピタリティ」が光る人気施設
―株式会社ヘキサ・メディカル　サザン3―

福岡市早良区にある「おがた整形外科医院」が母体で、グループ法人の株式会社ヘキサ・メディカルが運営するサザンシリーズ。最初に院内のデイケア、続いて訪問看護事業所や居宅介護支援事業所などを立ち上げ、その後住居施設として開設した「サザン」は、グループホームとデイサービス、サザンⅡは介護付き有料老人ホームとデイサービス、「サザン3」は住宅型有料老人ホームとデイサービスという施設を運営しています。（図59）

「おがた整形外科医院」の緒方院長は、開院した当初から通院されている患者さんやそのご家族が、医院の歴史とともに年を重ね高齢化していくことを目の当たりにし、リハビリのための院内デイケア、通院できない方には往診するなど、地域エリア内の高齢化に対応してき

図59　サザン3

ました。そして、訪問看護事業を立ち上げました。エリア内で、いち早く訪問看護事業所をつくったこともあり、医院を頼る高齢者も増え、それと同時に、介護施設もつくってきました。

このサザンシリーズが選ばれている理由としては、母体が40年以上も地域に根ざした医院であること、それを象徴するように、サザンの車をエリア内で見ない日がないというくらい圧倒的な認知度があります。毎日、エリア内の団地や戸建などの人口密集地域に訪問事業所のスタッフが車で向かいます。デイサービスもあるため、朝夕は必ず方々に送迎で向かっています。サザンと書かれたオレンジ色の車を目にしない日はほとんどないのです。地域の方々は、介護が必要になった際に、まずここに相談します。

さらに、他の施設と比較した際にもよく知っている施設なので、安心感があり選ばれやすいと言えます。訪問の車両やデイサービスの送迎車両を、広告の1つとして目立たせるというのも大事なプロモーションでしょう。

次に、施設設備のクオリティが高いことです。これは、経営者自身に上質で本物のものを見極めることができるという資質が必要かもしれませんが、サザンシリーズの隅々で手を抜いているものが見当たりません。このクオリティの高さは、利用者や家族を自然と安心させてくれるものを選んでいます。家具1つ、スタッフの制服1つ、どれをとっても上質なものを選んでいます。

このクオリティを表現しているものの代表は食事です。クリニックも各施設も同じメニューなのですが、ここの昼食の豪華さに勝てる施設は、そうそうないでしょう。仕入れの仕組みなどでコストパフォーマンスを高めているそうですが、圧倒的です。さらに、スタッフのクオリティも高く、接遇マナーも、どの施設と比べてもトップクラスです。

プロモーションのポイント

①地域に根ざした事業展開をしている
②訪問、送迎車両のデザイン
③施設設備のクオリティの高さ、スタッフのクオリティの高さ

9章

最後に心がけてほしいこと

1 お客様は真剣、だからしっかりとしたフォローが必要

介護保険が施行されて以降、多くの民間の介護事業者が誕生しました。そのほとんどの施設が、日本の超高齢社会を憂いて、危機感を感じながら介護事業を立ち上げています。そして、それぞれの介護への思い、高齢者への思いを事業理念に込めて、経営をしています。その反面、「介護事業は儲かる」「不動産運用をするならば、介護が安定するだろう」といったきっかけで事業を始めている事業者も少なくありません。このような理由が悪いとは思いませんが、利益主義に走りすぎると、サービスの質が下がるだけでなく、入居者や検討者の尊厳すら守らないような対応をする事業者が生まれてきます。

10年ほど前に、元学生寮を改装した高齢者向けの賃貸住宅を訪れてショックを受けたことがあります。入居者募集の広告の打ち合わせで通されたのは、半地下の窓のない大部屋で、折りたたみの長机が10台ほど、それぞれにパイプ椅子がセットされた状態で並んでいる入居者が利用する食堂でした。あまりの暗さと簡易すぎるスペースにショックすら覚えましたが、低価格で入居しやすいというのがウリの施設だったため、そういうものなのだろう…と無理やり納得をしましたが、次の光景には唖然としました。打ち合わせに応じてくれる予定

の入居相談担当のケアマネジャーは、急遽見学に来られた90歳くらいの男性と70歳近い年齢のその娘さんの対応中でした。しかし、そのケアマネジャーはタバコを吸いながら、面倒臭そうな態度で、2人に説明をしているのです。「ビジネスホテルに泊まるようなもんですよ。この契約書に名前を書いたら、いつでも入居していいですよ」との言葉に、私は耳を疑いました。しかし現実として、このような光景が繰り広げられているのです。

このケアマネジャーは、どうして介護の世界に来たのでしょうか。相手の気持ちを慮ることはないのでしょうか。いろいろな疑問が湧いてきましたが、そのケアマネジャーの話を聞く限り、人員が足りず、入居検討者の相談対応の他、現場に入って介護もしていること、連続で夜勤をしていて、ほとんど施設に住んでいるような状態だということで、疲弊した様子でした。

低価格を目指すが故の結果だったのでしょうか。事業主は不動産会社でしたが、不動産管理のノウハウはあっても、ノウハウがない介護業界への新規参入事業者で、安くしてでも空室をなくしたいという方針の経営者で、利用者への思いはまったく感じられませんでした。

この事例は、あまりにもひどい事例ですが、パンフレットを印刷すると経費がかかるので、コピーですませている施設なども、あまり変わらないように感じます。

多くの方が、介護状態になりたくない、人に迷惑をかけたくない、子どもの世話にはなりたくないと思っているし、有料老人ホームやサービス付き高齢者住宅に入居せず、自宅で最後まで生活したいと思っているはずです。そのため、施設側は入居を検討されている背景を気遣い、入居者と家族に寄り添っていかなければなりません。親を入居させる家族が、少しでも後ろめたいという気持ちにならないようにすることで、入居率も上がることでしょう。

そのためには、施設の情報をオープンにすること、名刺やパンフレットなどをケチらずにしっかりとしたものを用意するのは大切なことです。

また、介護が必要になり、切羽詰まった状態で施設を探され、急げば急ぐほど必要な情報を見落としてしまうということもあります。そのため、誠心誠意説明し、理解をしてもらうように努めなければなりません。そこを補完するために、さまざまな営業ツールが必要になるのです。

「安ければいい」という判断基準では選ばれないのが、有料老人ホームやサービス付き高齢者向け住宅なのです。「安心して住めるところ」ということを、誤解を与えずに伝えるようなプロモーションを目指せば、安定した入居者募集につながることでしょう。

2 満室時こそ続けるべき販促活動

有料老人ホームやサービス付き高齢者向け住宅で1番大切なことは、「存続し続けること」です。これまでに、経営が困難になってしまった施設をいくつも見てきました。事業計画が甘いという理由が多いという印象を受けましたが、施設がなくなってしまうこと、経営母体が変わってしまうというのは、入居者にとっては1番悲しく、避けたいことです。立派な施設を作りすぎて経営が困難になったところ、入居者募集に力を入れられずに経営が困難になってしまい、人員不足が続いて経営が困難になってしまったところなど、さまざまな理由があります。

1番に力を入れるべきところは、スタッフの定着と確保でしょう。スタッフがいなければ、入居者の受け入れができないばかりか、入居者募集もできません。販促活動のベースにはスタッフが欠かせません。スタッフを定着させる方法は、どの施設も試行錯誤した上で実行していますが、まずは賃金アップ、コミュニケーション、そしてチャレンジできる環境、という3つがキーワードのようです。スタッフの定着は、施設が満室でも空室でも、それにかかわらず必要で対策もできます。その反面、ほとんどの施設が、満室になると販促活動を

図60　満室広告

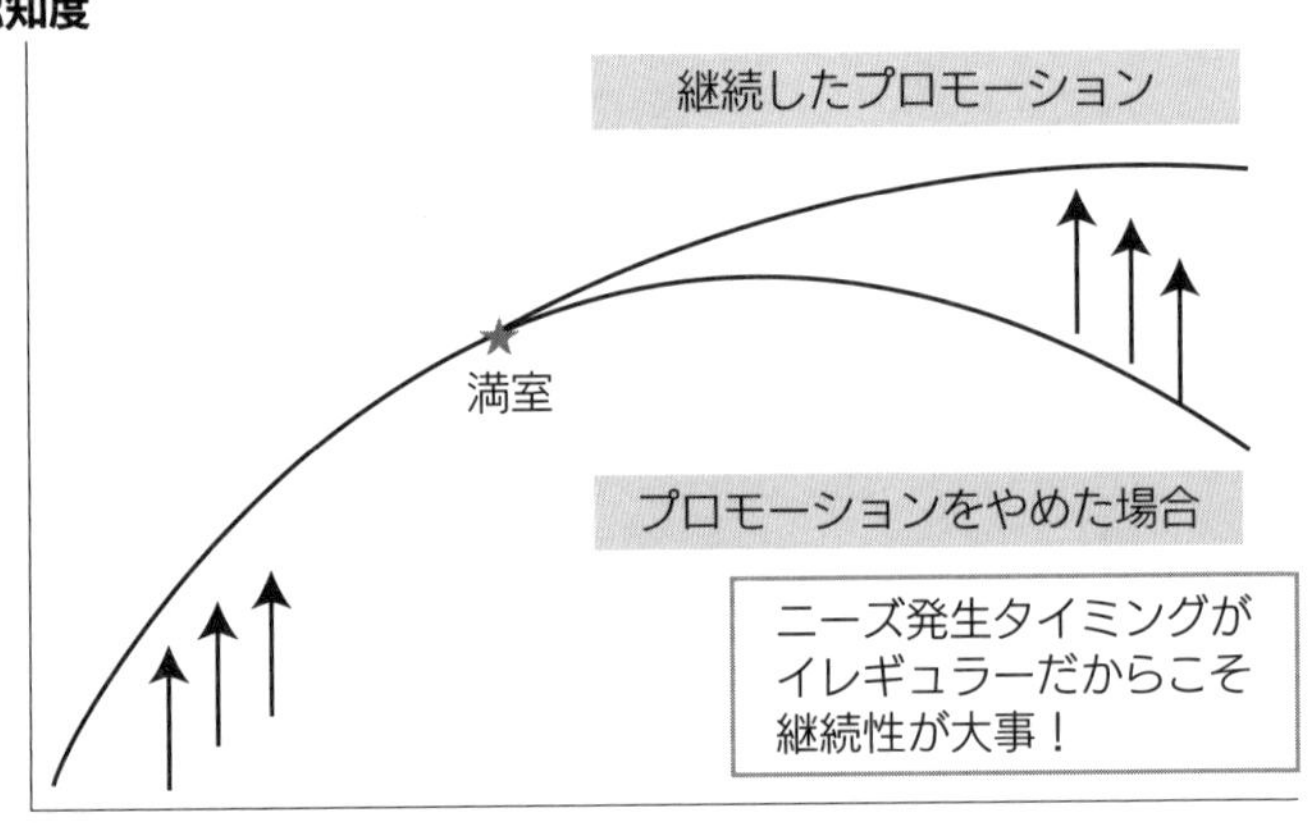

やめてしまったり、縮小する傾向があります。実は、これが悪循環を生むのです。

私は、「満室の時こそ販促活動を続けるべき」と強く考えています。（図60）

2章でも、同じ図を掲げましたが、イメージ図のように、施設のオープン時期には、どの施設も販促活動に力を入れます。それと同時に、施設の認知度もぐんぐん上がっていきます。しかし、満室になったとたん、販促活動をやめてしまうと、認知度は下がってしまいます。ここで、1室にかける広告予算を考えてみましょう。仮に、50室の老人ホームをオープン時から満室にするために、1000万円をかけたとします。一部屋あたり、20万円の予算です。これが満室になった後、空室が1部屋できたとして、それを募集するために同じ20万円でどんな告知ができるでしょうか。20万円だと、かなり限られてしまいます。新聞広告すら出稿できないかもしれません。これが、満室時の盲点のひとつです。

認知度が下がってしまった後に、再度認知度をアップさせていくのは至難の技です。マーケットの中で、「あの施設は満室だ」「入居待ちでなかなか入れない施設」というよい評判でも、問い合わせすらされなくなるという悪い結果を生んでしまいます。そして、オープン時よりも競合が増えている可能性もあり、入居検討者やケアマネは、受け入れをしてもらえる可能性の高いほうへと問い合わせをすることでしょう。さらに、オープン時に問い合わせが多いのは、新設だからという理由が大きいのです。それが満室後になってしまうと、後発の施設と比べても新しくはないので、競合に負けてしまうことが多くなります。

コストの面でも、マンパワーの面でも、有料老人ホームやサービス付き高齢者向け住宅の販促活動は、絶対にやり続けたほうがメリットは大きいのです。

これまでに紹介した、施設だよりやブログ、SNSといった活動は、満室時でも続けることができるし、地域との接点も保ちやすくなります。

オープン時は広範囲に対してのプロモーションに力を入れるのに対して、満室になった後は、エリアを限定した販促活動を続けるようにします。露出期間が短い新聞広告や折り込みチラシはオープン時に行ない、満室時には看板やブログなどで長期的なプロモーションを行なうようにします。「満室」後は、広告費用をかけずに、マンパワーを使っての訪問営業や広報活動をしてみるなど、コストとマンパワーの強弱をつけながら、安定した介護者募集を続けていただきたいと考えます。

広告・販促活動をし続ける「満室広告」が、満室を維持するためには効率的と言えるでしょう。ぜひ、販促をし続けましょう。

あとがき

このたびは、私の著書を手に取っていただき、そしてお読みいただき、誠にありがとうございました。

私は、医療業界雑誌、介護業界雑誌の企画営業を経て独立し、今に至ります。定期的に制度やその周辺状況が変わっていく医療・介護業界で雑誌媒体の力を借りることで、多くのすばらしい医療・介護従事者にお会いできました。

たくさんの取材を通して共通して感じたことは、「命に関わる職業」の尊さでした。初めての看取りを経験し、介護に向き合う姿勢が変わったという介護士の話、何度も看取りを経験したからこそ、スタッフ教育に厳しく取り組む看護師の話、奇跡のような入居者と家族の話…。取材中、何度も涙が流れる経験をしました。医療・介護に真剣に取り組む従事者の志の高さに感銘を受けました。

私は、広報や広告などの企画でしかお役に立つことができません。しかし、広報活動や販促活動がうまくいけば、施設の経営も安定するはずです。ひいては、少しでもこの業界、とくに介護業界のためになれることではないかと、「著書を出したい」という夢を抱くようになりました。そして、多くのご縁の下、出版をさせていただくことになり、ひとつの夢が叶いました。

本書を書きながら、「他との違いを出すこと」「魅力を見つけて訴求すること」「継続した活動をすること」など、介護施設の販促ノウハウは、すべての業界業種の販促に通じるものがあるということにも気づかせてもらいました。できれば、本書を介護業界ではない方々にも読んでいただきたい、という夢ができました。

最後になりましたが、本書を出版する機会を与えていただいた同文舘出版、古市達彦編集長、そしてなかなか原稿の進まない私を応援し続けてくださった九州出版会議の皆様、心より感謝申し上げます。さらに、この書籍が読者の手に渡るまでにお世話になるすべての方々、本書を手にしてくださる読者の皆様、本当にありがとうございます。

本書が、業界を超えた皆様にも読んでいただき、介護業界の発展に少しでもお役に立てることを願っております。

2021年5月

辻山敏

著者略歴

辻山敏（つじやま　つとむ）

広報・広告・販促のプランニング ビンカンパニー代表、株式会社ジーエーサービス執行役員、株式会社アスリンク 執行役員。中小企業庁 佐賀県よろず支援拠点 コーディネーター。
福岡県出身。地元福岡で医療業界雑誌、介護業界雑誌の企画営業を経て、シニアマーケットに強い広告プランナーとして独立。介護施設の立ち上げ時からのブランディング、入居販促における企画や営業ツールの制作などに多く携わる。また、介護業界だけでなく、幅広い業種の広告物や営業ツールの企画、集客の導線づくりを行ない、その実績が評価され、商工会や商工会議所などでのセミナーにも多数登壇している。

有料老人ホーム・サ高住のための
入居者募集ハンドブック

2021年7月16日　初版発行

著　者 —— 辻山敏

発行者 —— 中島治久

発行所 —— 同文舘出版株式会社

東京都千代田区神田神保町1-41　〒101-0051
電話　営業03（3294）1801　編集03（3294）1802
振替00100-8-42935
http://www.dobunkan.co.jp/

ISBN978-4-495-54086-9

印刷／製本：萩原印刷

Printed in Japan 2021